JN061543

生徒の笑顔と出会いたい

郡部校・農業高校・夜間定時制
津軽の高校生とともに20年

堀内 孝 著
HORIUCHI Takashi

教育史料出版会

はじめに

「ワ（俺）の人生、この学校さ入って終わった」

「他に入れる学校ながったはんでしかだなぐ来た」

　青森県の公立高校教員として、ふたつ目の勤務校となった農業高校生の
つぶやく声。

　かつては多くの人材を輩出していた各地の農業高校も、産業としての農
業が衰退すると同時に困難校化していた。勤務校も、以前は毎年およその
べ100人の公務員を輩出していたが、当時は3、4人程度に減ってしまい、
農業高校を卒業すれば公務員になれるという希望はほとんど消滅してい
た。残念ながらこういった状況は、現在においてもそれほどかわっていな
い。何より中学生にとって、「入りたい学校」ではなく「仕方なく入る学校」
となっていた。

　古里津軽を舞台とする、1989年からのおよそ20年の教員生活のなかで、
郡部校2校（初任のN高校と最後に勤務したI高校）、夜間定時制高校2
校（K高校とG高校）、農業高校1校と、私には、いわゆる教育困難校（困
難校）の勤務経験しかなく、こういった状況は農業高校にかぎったことで
はなかった。

　郡部校、夜間定時制高校いずれの生徒もまた、同じように、市内の高校
や全日制高校に入学できなかった、進学校の受験体制についていけなかっ
たなどのコンプレックスをもって入学してきている。生徒の話を聞いてみ
ると、彼らのなかにもランキングがあるらしく、郡部校より市内校、小規
模校より大規模校、歴史の新しい学校より伝統校といった具合である。

　私自身が教員生活を通じて、それ以前には考えたこともないことを生徒
から学ばせてもらった。たとえばこれはN高校でのことだが、「制服を着
て町を歩くのは恥ずかしい」と話してくれた生徒がいた。よそ者にはわか

3

らないことだが、地元の人たちが制服を見れば、どこの高校の生徒かわかる。制服が恥ずかしいという感覚は、おそらく進学校の生徒にはないだろうと思う。郡部校や専門高校であっても、完全に輪切りにされて進学してくるわけではないので、受験学力のみで生徒を判断することもおかしいのだが、教えてもらわなければ、私も気がつかなかったかもしれない。

　また、スーパーマーケットにつとめる人から、ある郡部校の生徒が店に入ってきたら万引きをするかもしれないので、目を離すことができないと聞かされたことがある。こういった状況では、町にひとつしかない高校でありながら、地域から信頼され期待されているとはとてもいえない。

　N高校は、高校増設運動のころにできた郡部の学校だったが、私が赴任したころから生徒集めに苦労するようになり、入学試験の点数も急降下していた。地域的な運動の盛りあがりや、新設された高校への期待がどういうものだったのか、くわしいことはわからないが、距離的に近いということが唯一のメリットだと思われていたのではないだろうか。郡部校なりの魅力を追求していくことは不可能ではないが、こういった地域の認識をかえることはかんたんではない。

　新採用から2、3年目くらいに出された町（当時の人口は1万人と少し）の広報には、今年1年で町内に生まれた赤ちゃんが60人、という記事があったと記憶している。将来、この60人が全員地元の高校に入学してくることも考えにくいし、志願者の減少の背景には、町の高齢化が進み、若年人口が減っていたこともあった。実際に私が勤務した5校のうち、定時制1校が2015年度に閉校してしまった。郡部校2校も閉校が決まっている。

　勤務したある高校で、芸術教室の会場予約に地元のホールを訪れたことがある。「お宅の学校に貸すと物が壊れる」と、いやな顔をされてしまっ

た。また、新入生の情報収集のために行っていた中学校訪問で、この生徒は別の学校に進ませたかった的なことをいわれたこともある。こうなると生徒ばかりではなく、職員としても残念な気持ちになる。

　生徒がどういう環境に生まれ、どのような経験をし、何を考えてきたのか、まず頭で理解しないと教育ははじまらない。もし私が進学校の経験しかなかったとしたら、まったく違ったタイプの教員になっていたかもしれない。

　一握りでしかないエリート校以外の学校に通う高校生にとって、希望とは何だろうか。彼らに必要な教育とは何だろうか。教員が果たすべき役割とは何だろうか。授業は大事だが、教員は決して授業だけやっていればいいというのではない。生徒にとっても、学校で過ごす１日の大半が授業ではあるが、座学が苦手でも実習をともなう授業があり、すべての授業が苦手でも、学校行事や部活動がある。

　しかし、せっかくの学校行事なのに、積極的に文化祭や運動会に参加しようとせず、へたをすると勝手に帰ってしまったり、遅れてやってくる生徒、また、部活動にも参加せず帰宅部となる生徒もいる。反抗的な態度をとったりすることはないが、学校生活にうんざりして、ただ時間が過ぎるのを待っている生徒もいる。彼らは、いったいどのような働きかけをすれば充実した学校生活を送ることができるのだろうか。

　ここから、生活指導、授業、修学旅行、進路指導など、私が勤務した５つの高校における教育活動のなかで、生徒の充実した笑顔、生き生きした笑顔と出会うことをめざして取り組んだ教育実践を紹介していきたい。

津軽五所川原駅（2014 年）

授業風景（2005 年）

対面式（2003 年）

定時制・通信制高校総体（2005 年）

遠足・斜陽館（2014 年）

板高祭・鏡絵（2015 年）

文化祭（2005 年）

運動会・ダンス
（2015 年）

運動会・パン食い
競走（2015 年）

運動会・借りもの競走（2015 年）

7

りんご灯祭り（2014 年）

インターンシップ（2014 年）

修学旅行・広島
（1996 年）

修学旅行・清水坂
（2014 年）

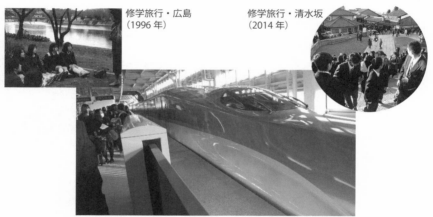

修学旅行・新青森駅（2014 年）

調理実習（2015 年）

地理巡検（1995 年）

第3章：広島修学旅行編
教え子を戦場に

第4章：進路指導編
「小さな成功体験」のために

写真／堀内 孝　他

第1章：生活指導編

一人ひとりを大切に

◆定期考査対策学習会

　第1章は生活指導編として、最初に赴任した郡部校から農業高校、夜間定時制高校の順に、何人かの生徒を紹介する。プライバシーの問題もあって、一部の生徒にしぼらざるを得なかったことをご容赦願いたい。

　はじめは、N高校で行った定期考査対策学習会に参加した野球部の3人である。これは、本来は教科指導かもしれないが、当時担当していた「世界史」は学習会の一部でしかなかったこと、私のなかでは、野球部の部長として行った教科指導＋生活指導の延長であり、次の「校歌を歌う高校生」の前ふりという意味もあるので、ここで報告したい。

　どこの高校にも、授業中はだるそうにしているのに、放課後になると人がかわったように生き生きと部活動に打ち込む生徒がいる。野球部の2年生A君、B君、S君もそうだった。A君、S君は打線の中軸、B君は守りの要キャッチャーだった。

　要領よく赤点をとらないように、そして単位を落とさないように、そこそこ頑張ってくれれば卒業までこぎつけるのだが、彼らはそうではなかった。卒業以前に進級がピンチという状況だった。これは運動部の顧問には見えにくいことでもあるのだが、居眠りをしてしまうなど、授業態度も悪かったのだと思う。職員室にも、あの3人なら進級できなくても仕方がないという雰囲気があった。緊急事態と考えた私は、3人をよんで、放課後、勉強会を実施すると告げた。

　考査前1週間は、部活動が原則禁止だったので、その点は気にしないで試験勉強に集中できた。しかし残り1週間というギリギリのタイミングであり、とにかく教科書を暗記して、赤点をとらないようにするという対策しかできなかった。とくに「英語」と「数学」が問題だった。「英語」は本文を読んで和訳することを中心に、くり返しくり返し学習した。

　試験範囲がもっと広ければたいへんだったと思うが、何とか粘っていくらかでも点数が稼げそうなところまできた。それまではほとんどの問題が

ちんぷんかんぷんで、手も足も出ない状態だったと思う。小、中学校から
の積み重ねはほとんどゼロに近く、苦手意識だけが蓄積されていた。「数学」
については彼ら同様私も苦手だったので、「数学」の教員である野球部の
監督に来てもらった。

　当初3人の予定だったのが、いつのまにか、机を移動させ丸くなって行っ
ていた学習会の参加者が、3人から5人、6人と増えていった。その後さ
らに人数が増え、丸くなって勉強している周辺で、それぞれ勝手に試験勉
強をやりはじめたのである。正確な数はわからないが、少なくともクラス
の半分程度の生徒が教室に集まっていた。

　時間が足りないと思ったので、「日曜どうする？」と聞いたところ、3人
とも学校に来るという。午前中から、私もふくめた4人が学校に集まって
学習会を開いた。A君の母親が赤飯のおにぎりをたくさんもたせてくれた
ので、休憩時間にみんなでそれを食べ、また午後から再開することにした。

　結局、定期考査は3人とも赤点をとることなく終了した。ふだんはルー
ズな彼らだったが、遅刻、欠席なしで頑張りとおした。60点前後の点数で、
とくに実力がついたというわけでもないのだが、あんなにうれしそうにし
ている姿を見たことがない。3人にとってもひとつの事件だったようだ。

　学習会はこれ以降も、定期考査のたびに開催することになった。野球部
の顧問と選手という関係だったこともあるが、彼らが素直だったこと、仲
間といっしょに努力する環境ができたこと、1人の脱落者もなく最後まで
やり抜いたこと、少人数の学習会だったことが大きかった。

◆校歌を歌う高校生

　この3人がのぞんだ、最後の甲子園予選の試合が印象に残っているので、
続編としてここに紹介したい。ふだんはグラウンドにあまり顔を出さない
私も、予選の直前であり、部長として練習を手伝っていた。そこへやって
きた3年生のある女子生徒が、「どうすれば全校応援できる？」と聞くので、
「本気で全校応援したいのか？」と聞き返したところ、そうだという。

すぐに３年生全員の署名を集めるように伝えたところ、その生徒は翌日までに署名を集め、見せにきた。私は今すぐ校長室に持っていって、校長に直接渡すこと、渡したらすぐに号泣することのふたつをアドバイスした。しばらくたって、再びグラウンドに姿をあらわした彼女によると、なぜ全校生徒の署名を集めなかったのかと校長にしかられたという。でも全校応援は約束してくれたとのことだった。

　緊急に職員会議が開かれ、全校応援について話し合いが行われた。実力的にも互角だし、必ずいい試合になるのでぜひ実現してほしい、と私からも発言した。この職員会議で正式に全校応援が決定し、いつもはマネージャーくらいしかいない野球部の応援に、300人をこえる教職員、生徒が集まることになった。

　結局、試合は望んだような結果にはならず、コールド負けに終わった。しかし、試合中に校歌が流れる際、ベンチにいる私の頭のうえから大声量の校歌が聞こえてきた。普段歌えといってもなかなか校歌を歌わない生徒たちが、声をはりあげて歌っていたのである。これはまったく予想していない光景だった。そして、球場にかけつけた全員が、ダイビング・キャッチ（おしくも届かず）やヘッド・スライディングなど、普段とはまったく違う、１個のボールを懸命に追いかける仲間たちの姿を目撃したのである。試合に負けたという結果ではなく、必死に野球に取り組んだこと、仲間が一生懸命に応援してくれたことが、間違いなく彼らの心に刻み込まれた一日だった。

◆ 運動会とHR

　学校行事は、勉強ではいいところを見せられない生徒にとって出番であり、団結というクラス運営の意味でも重要なイベントである。学習指導要領では特別活動のひとつとされるが、生活指導上の意義は大きいので、これも第１章でとりあげたい。

　学校行事のなかで、Ｎ高校におけるある年の運動会が印象に残っている。

それは、私がはじめて担任したクラスが3年生になったときの運動会である。1、2年のときはともかく3年生としては、運動会や球技大会はぜひとも優勝したいと考えていた。とくに私のクラスは就職希望者の集まっているクラスだったので、3クラスのうちのもうひとつの就職クラスだけでなく、進学クラスにも勝ちたかった。

運動会は、スポーツの得意な生徒はもちろんだが、応援も点数化されるので、苦手な生徒も応援グッズをつくったり、応援そのものを頑張ることで優勝に貢献できる。担任がやる気を見せることは最低限の条件である。直前のロングホームルーム（LHR）は、大縄跳びの練習をくり返し、二人三脚や障害物競走、綱引きなど、それぞれに勝つコツを伝授していった。

さらに当日は、放送部に根まわしして、ワグナーの「ワルキューレの騎行」をクラスの入場曲としてかけてもらった。入場時の頭右（かしらみぎ）をなくそうとしたが、職員会議でもらちがあかず、「今年の運動会もあれ（頭右）やるんですか？」としぶい顔で聞いてきた生徒の声にこたえることはできなかったので、いたずら心半分のちょっとしたスパイスのつもりだった。しかしわずか10数秒のことで、何がおきたかわからなかった人が多かったようだ。

スポーツの苦手な生徒にとって、大縄跳びはプレッシャーのかかるものだが、練習以上の回数でクリアできたことが大きかった。クラスはここから波にのり、とくに最後のリレーは激走に次ぐ激走、勝利をつかんだ。

結局、それぞれの競技で高い点数を獲得、優勝することができた。私にとっても初優勝だった。教室にもどり、用意していたジュースで優勝とクラスの団結に乾杯。ここからクラスをあげて進路一直線となった。

◆ 最初の転勤

2校目の農業高校への転勤は不当人事だったと思うが、これについては省略する。3月の新任者、転任者説明会で告げられたのが、3年生の担任ということだった。何かの間違いではないかと思ったが、そうではなかった。

前任校で同僚だった先生と歓迎会で再会したときにいわれたのが、私の担任するクラスの授業が、一番やりにくいということだった。3年生だし、進路を目の前にしてそんな馬鹿なことはしないんじゃないかというと、それは彼らには通用しないという返事だった。ただ、問題児の1人が交番襲撃事件をおこして退学になったので、以前よりはいいかもしれない、という話もおまけでついていた。

　私はこの年の3月まで、組合専従を4年やっていたので、学校現場に対しては浦島太郎状態だった。感覚をすぐに取り戻せるのだろうかという不安のうえに、もうひとつの不安が重なり、たいへんな一年になりそうだと覚悟しなければならなかった。

　新年度がはじまってすぐに感じたのは、学校のテンポの速さである。教職員組合も忙しい職場だが、とくに朝の目の回るような忙しさはまったくレベルが違った。職員室で行われる全体の打ち合わせ、学年、分掌の打ち合わせ、教室へ移動してのホームルーム（HR）、出欠の確認、連絡事項の伝達、職員室に戻り、教室にいなかった生徒の数と名前をミニホワイトボードに書き、自宅に電話をかける。そうやっているうちに授業開始のチャイムが鳴ってしまう。普通高校では聞かないような専門用語が打ち合わせで出ることもあり、少なくとも1学期のあいだは目の回る、わけのわからない状態が続いた。

　毎朝、全員にそろっていてほしいと思いながら、教室のドアを開けるのだが、残念ながらそんなことはめったにない。結局1時間目の授業は、開始時間に遅れて教室にはいることになる。いくらかのんびりできるのは放課後、生徒たちが帰ってしまったときだろうか。前任校は町まで遠いせいか、放課後も学校に残っている生徒が多かったが、部活動で学校に残る生徒をのぞけば、ほとんどがあっという間にいなくなってしまう。ただし、のんびりできるのは生活指導上の事件が何もおきていないときだけである。

　1年のあいだに、実にさまざまなことがあった。実習中に複数の生徒が特定の生徒に小石をぶつける投石事件、喫煙現場見張り事件など、今でも強く印象に残っているものばかりである。

ただ、前任校では野球部の監督を5年間、部長を3年間担当していたが、野球部は空きがないということでパソコン部の顧問になった。赴任した翌年から学校週5日制が実施され、毎週の土曜、日曜が休みになった。その点では、ようやく人間らしい生活を送ることができるようになったともいえる。

　さらに、前任校は地吹雪（ホワイトアウト）地帯に設立された学校であり、冬の通勤はとんでもなくたいへんだった。いったん地吹雪となると、上空は青空なのに前後左右が真っ白でまったく見えない状態になる。冬期間の通勤は何度もこわい思いをした。しかも自宅から片道約38キロメートルの道のりである。ひどいときには、帰りのHRが終わると、今日は部活動中止、先生方も早く帰ってくださいとなる。強風のために通学バスが横倒しになったこともあるし、冬期間の運転はあきらめ、同僚の車に便乗して通勤する先生もいた。車のトランクにけん引用のロープと寝袋は必須だし、多くの先生方が、雪道対策として四輪駆動の車を運転していた。

　前任校同様、冬の通勤は楽ではなかったが、自宅からの距離が近いことと、難所が少ない点ではるかに恵まれていた。勤務したほとんどの学校が豪雪地帯の立地なので、遅刻しそうになったら無理をしないで時間休をとる、命が一番大事というのが、ごく一部の管理職をのぞいた全教職員の共通認識だったと思う。

◆投石事件

　農業高校で最初に遭遇したのが、農業実習の際の投石事件である。授業に参加しようとしない数人が、特定の生徒に対して小石をぶつけるというものだった。しかもチーム・ティーチングで2人の先生が指導していたにもかかわらず、その制止を振りきって行われたものだった。

　転勤してから数カ月でおきた事件だったが、どんなに力のある先生でも、生徒との人間関係をつくりあげるためには半年から1年はかかる。当時はまだ、十分に学校や生徒のことを理解していたとはいえない時期だった。

そのせいもあって、座学ではなく実習中におきたということが驚きだった。「はじめに」で述べたように、農業高校の生徒の多くは、農業を学びたくて入学してきたのではない。他に入れる学校がなかったので、仕方のない選択をしてきていた。そもそも生徒の多くが、将来農業をやろうと思っていない。座学は退屈だし、実習も楽しいというわけではない。そのことを思い知らされた事件だった。

　ターゲットとされた生徒が、やや精神的に弱いところのある生徒だったこともあり、いくらふざけてやったにしてもあってはならないことである。とにかく一人ひとりの生徒と話し合いを重ね、生徒理解につとめると同時に、二度とくり返さないことを考えてもらった。幸いなことに、この手の事件が再びおこることはなかった。

　「こんな学校やってられるか」。実習を担当していた若い先生の発言が聞こえてきたことから、後味の悪い事件でもあった。おそらく、自分が卒業した学校であることも、嘆きの原因だったのではないだろうか。

◆ふぇね先生

　出会いから半年ほどたったころ、ある生徒にいわれたのが、「先生ふぇね（弱々しい）ど思ったはんで、半年で入院すど思った」というものである。私が入院することはなかったが、過去に入院した先生の話を聞いたことがあるし、他の農業高校だが、授業が成立せず、黒板を相手に授業するようになった先生の話も聞いたことがある。

　私が勤務した農業高校は、荒々しいというか、ワイルドな指導が主流の学校だった。しかし、私は私なりのやり方しかできないと腹に決めていた。それは生徒一人ひとりを大切にし、人としてつきあうこと、そのためにも暴力に訴えない、馬鹿にしないことが二大原則だと心がけた。

　そもそも力で対決しようとしたら、格闘技経験者などの特殊な先生をのぞいて、高校生のほうが体力がある。そして何よりも、暴力は教育からもっとも遠いところにある考え方、行動であって、行使した瞬間に学校が学校

でなくなってしまう。

　以前、青森県内のある中学校が荒れたときに、強面の体罰教師が赴任したことがあった。たしかにそれまで暴れていた生徒はおとなしくなったが、ある保護者から、息子が押し入れから出てこない、学校に行きたくないといっているという訴えがあった。実はおとなしくなったというのは表面的なことでしかなく、見えにくい形で、しかも弱い生徒に向かうというより深刻な結果をまねいてしまったのである。

　体罰教師も問題だが、そういう教員を転勤させて、荒れの問題に対処しようとしたであろう教育委員会もまた問題である。力で場を支配しようとすると、この先生はこわいかどうかという判断が生徒のなかに働いてしまい、まず優しい先生の授業から成立しなくなる。たとえば女性の先生である。しかし、女性の先生の出番はかならずあるし、力の指導は結局学校を崩壊させていく。

　このことについていえば、私自身こういう経験をしている。新採用で赴任する直前だった。私が小柄な体格であるせいか、通っていた自動車学校の先生から、「高校の先生になる？　空手が何がやってるんだが？　んでねばわらはんど（子どもたち、高校生）抑えられねんでねな」といわれたのである。怖い先生でなければ高校生がいうことを聞くはずがないという考えは、どの程度かはわからないが世間的にあるように思う。これは体罰がなかなかなくならない理由のひとつではないだろうか。

　私と入れ違いになったある先生は、進学校からの転勤だったが、生徒と対立し、授業中に居眠りをしている生徒は欠席にしてしまうと聞いたことがある。腹がたつのは理解できるが、これもまた乱暴なやり方である。

　勉強が得意でない生徒ほど、ほめられた経験が少ないこともあって、馬鹿にされることに敏感である。この先生の場合は生徒を馬鹿にし、逆に生徒からは進学校から流れてきた落ちこぼれと馬鹿にされ、お互いに傷つけあう最悪の関係になったのではないだろうか。進学校ではいい先生、でも困難校では……。ときどき聞くケースである。

◆ 見張り事件

　2学期にはいっても事件は続いた。喫煙現場見張り事件である。実際に喫煙していたのは他のクラスの複数の生徒たちだったが、私のクラスのK君が、見張りをしていたところをつかまってしまった。

　連絡を受けて生徒指導室に駆けつけた私が見たK君は、上半身を震わせるようにして号泣していた。彼は授業中、居眠りばかりしている生徒だったが、陸上部で投擲の選手として活躍しており、ヘラクレスかといいたくなるほど筋骨隆々とした生徒だった。ところが、見た目とちがって気持ちが優しいのである。おそらく、見張りを命ぜられて断れなかったのだと思われた。それにしても反応が異常だと思ったが、事情を聞いていた野球部の先生は、厳しく攻めたわけではないという。とにかく本人と一対一で話してみることにした。

　K君は、涙をぼろぼろ流しながら何度も頭を下げ、「申し訳ありません」と謝罪をくり返した。さらに「先生、助けてください」というではないか。「喫煙の見張りくらいで退学になるわけないだろ」と思いながら、よくよく話を聞いてみると、父親のことを恐れていたことがわかった。父親は怒ったら手がつけられなくなる人で、ただではすまないということだった。

　今は家にいるはずだというので、とにかく家に来ていっしょにあやまってほしいという彼の願いを聞き入れることにした。彼の家に向かう途中、少し落ち着きを取り戻したK君を横目に、私はなんと説得したらいいのか必死に考えていた。息子がこんな筋肉のよろいを身につけたような男なので、父親は横綱かプロレスの世界チャンピオンかというような体格かもしれない。もし殴りそうになったら、小柄な私が止めに入ることはできるのだろうかと考えているうちに家に着いてしまった。

　実際に会った父親は、思ったよりも小柄な人だった。しかし、浅黒い肌をしており、精悍な感じだった。とにかく今となっては何を話したのかよく覚えていない。おそらく、息子さんは過ちを犯したかもしれないが、い

いところもいっぱいもっている、どうか暖かい目で見守ってあげてほしいというようなことをしゃべったと思う。

しばらくじっと聞いていた父親の、「わかりました。先生、これからもどうかよろしくお願いします」という言葉を聞いた私は、ほっとして力が抜けていくのがわかった。

◆「ほりうちせんせーい」

K君やこのあと紹介するT君などを送り出した卒業式も印象に残っている。祝賀会の二次会で、私のそばに寄ってきた第二教頭が、退場のとき「ありがとうございました」と生徒が声をあわせたクラスはあったが、担任の名前を呼んだのはあんたのクラスだけだよ、というではないか。珍しくほめられているのかなと思ったが、一年の最後にようやくほめられて終わったということかもしれない。

生徒も人間であり、同様に教員もまた人間である。お互いに人としてのつきあいをすることが一番大切だと思う。学校や教員に対して、あきらめのような気持ちをもっている生徒もいる。何よりもまずいのは、教員に対して口を開かなくなることで、口をききたくない相手に対して心を開くことはない。どんな生徒でも自分を理解してほしい、できれば評価してほしいと思っているはずである。

もし、まわりはみんな敵、誰からも理解されたくないと思っている人がいるとしたら、それはある意味すごいことで、めったにそんな人はいない。不満でもいいし、多少わがままな意見でもかまわないので、話をしてもらうということが第一歩である。

昔の教員であれば、しゃべりをみがくということが重視された時代もあったと思うが、今は逆に、聞くことのほうが大切ではないだろうか。生徒の話を途中でさえぎったり、全否定する教員はうらみを買ってしまう。でもこれは、友人や同僚など、普通の人間関係でも同じことだと思う。

素直でいい子ばかりのクラスなんてあるはずがない。私のように人間的

に未熟な教員であればとくにそうだが、生徒を前にかっとして、過激なセリフが頭に浮かぶことは少なからずある。深呼吸すること、もし自分が悪いと思ったら、あやまることも必要だと思う。学校からにらまれている生徒であっても、そういう生徒こそ、力を発揮して教員を助けてくれることもある。

　スポーツのなかにはミスをしたら減点していくものがあるが、そうではなく加点していくスポーツが圧倒的に多い。理想論かもしれないが、理想を追求するからこそ学校ではないか。生徒のよいところを見つける。そういう姿勢で教育にのぞみたいと考えていた。

◆ふたつの電話 ── T君のこと

　T君は仙台の美容専門学校に進学した生徒だった。彼は、将来美容師になるという目標を立てると、成績も急上昇、何十人抜きを果たした生徒である。顔つきがかわり、本気で進路に取り組もうとする気持ちが、こちらにも伝わってきた。

　卒業から2年後、3月のある日のこと、久しぶりにT君から学校にいる私のところに電話があった。美容師の国家試験に合格したことを伝えたかったという内容だった。すでに転勤の内々示を受けていた私は、できるだけ早く学校に顔を出すように話して、受話器を置いた。

　私自身はとくに愛校心もなく、高校を卒業したときには、二度とここに来ることはないと思った記憶があるが、困難校の生徒は、全員とはいわないがまったく違う。卒業式で号泣する生徒がいたり、卒業後に学校に遊びにくる生徒も多い。ぼんやりとそんなことを考えたりしていた。

　ところが、それから4、5日したある日のことだった。第一教頭から、T君が自動車事故で死亡したことを告げられたのである。友人たち4人と酒を飲み、深夜、酔っ払い運転で立木に衝突、助手席に乗っていた彼だけが命を落としたということだった。

　通夜には多くの卒業生が駆けつけていた。私は、T君がかわいそうだと

いう気持ちと、バカヤローという気持ちが交錯して、涙がとまらなかった。

　４月、私は第一希望にしていたＫ高校に転勤した。このころから歴史学研究の時間がほしいと考えるようになり、時間的に余裕がありそうな夜間定時制高校を希望したのである。春休み、Ｋ高校の職員室で新学期の準備をしていた私のところに、Ｔ君の母親から電話があった。何といったら慰めになるのか、何といったら元気づけられるのか、わからなかった。逆に励まされたのは私のほうだったかもしれない。亡くなったあとに美容師免許が自宅に届いたという。

　Ｔ君は決して優等生ではなかった。職員室には、彼に対していい印象をもっていない先生もいたと思う。しかし、今思い返しても、短期間にこれだけ成長した生徒は他にいなかった。授業者にとって、真剣な目を向けてくれる生徒の存在は心強いものだし、彼らの成長を実感したときほど、教員にとってうれしいことはない。しかし一方で、高校生は可能性のかたまりだが、暴発する危険性ももっていることを思い知らされた事件だった。

◆図書室からの卒業生

　私のクラスではなかったが、深くかかわった生徒がいる。それは卒業生を出したあと、図書室勤務となったある年のことだった。HR担任をはずれると、生徒指導部にでも所属しないかぎり、生活指導の最前線からは遠くなる。朝のあわただしさからも解放され、これが同じ学校かというくらい穏やかな日常が待っている。次に紹介するのは、この図書室を舞台とするものだった。

　Ｍさんは、私の「世界史」の授業を受けている生徒だったが、年度途中から友人関係のトラブルに巻き込まれ、不登校になっていた。これまでほとんど話をしたことのない生徒だった。

　それは授業の空き時間に、図書室のコンピューターを使って仕事をしていたときだった。たまたま図書室に登校してきていたＭさんが、私に話しかけてきたのである。何を話したのかは覚えていないが、それをきっか

けに、保健室ではなく図書室にちょくちょく来るようになった。そのころは、課題をこなしながら、少しずつ教室復帰をめざすという方針だったと思うが、課題をみてやったり世間話をするうちに、いつのまにか図書室に居場所を見つけ、毎日、図書室登校をするようになったのである。

　教室に入れなくなった生徒が登校するとすれば、普通は保健室だと思うが、最近では情報処理室や図書室ということもあると聞く。考えてみれば、コンピューターも本も、選択さえ間違わなければ、人間のように裏切ったりだましたりしない。

　その後、Mさんのことが職員会議で議題にあがり、所属するクラスの授業と同時進行で課題をこなしてもらう、授業担当者は、可能な範囲で直接指導を行う、それができれば授業は出席扱いにするということで、全体の了解を得ることができた。

　Mさんはみるみる表情が明るくなり、学校に来るのも楽しそうになっていった。逆にいうとこのことが、のちの職員会議をもめさせることにつながってしまった。その職員会議というのが、卒業認定会議だった。争点になったのが、本当に悩んで教室に入れなくなったのか、それはうそで本当は元気なんじゃないか、つまり怠学の疑いがあるという意見だった。

　私は、悩み苦しんでいる人間でも笑うことはあると思うのだが、単純な目線でしか生徒を見ない、生徒に対する見方、とらえ方を鍛えようとしない教員もいることを知った。その後、具体的ないじめの実態にかかわる発言もあり、ようやく卒業が決まった。

　当時は、教育相談が注目されるようになり、不登校として認められれば、出席の規定も4分の3などではなくもっとゆるくてもいいというような、柔軟な対応が認められるようになったころだった。結局Mさんは、美容関係の専門学校に進むことができた。

◆職員室の共同と分断

　Mさんのケースでは、担任ではない私や養護教諭の果たした役割が大き

かったと思う。生活指導において、担任の役割がすべてということはない。1人の担任が35人から40人の生徒の心をすべてつかむことは不可能だし、ひとりで背負う必要もない。養護教諭だったり、部活動の顧問だったり、共同で取り組む必要がある。

　その点では、学校に成果主義をもちこむなど、職員室の人間関係を分断させるような教育政策が続いている。結果として、クラスのこと、授業のこと、こういうことがおきて困っているとか悩んでいるという話題が、職員室で出されるということがなくなりつつあったように思う。必然的に話題は、野球やサッカー、車、グルメなど、あたりさわりのない話題ばかりになってしまったのではないだろうか。

　学年を組んだある先生から、忘年会だったか、他の飲み会だったかおぼえていないが、「酒の席で仕事の話はするなよ」といわれたことがある。二次会に行けばカラオケになるので、つっこんだ話はできない。一次会でできなかったら、飲み会ではできないということである。この先生は学年主任だったが、勤務中にまともに教育の話をしたという記憶がない。つまりどこでもしなかったということである。こういった状況は、とくに若い先生たちにとって不幸なことだと思う。

　情報交換という意味でもそうだし、会議だけではなく、空き時間に、飲み会に、議論は大切ではないだろうか。しかし最近は、「職員会議か、時給とって帰るか」という人もいるくらいで、深刻な事態が進行している。分断が進められる今こそ、上意下達ではなく、同僚も生徒もいっしょに取り組むという「共同の教育」が必要だと思う。

◆夜の学校

　農業高校の勤務は3年で終わり、K高校に転勤することになった。ここから2校計10年の夜の生活がはじまった。第1章の最後に、夜の学校で出会った生徒たちを紹介するが、その前に、夜間定時制高校をかんたんに説明しておきたい。

夜間定時制高校は、勤務時間が全日制高校とまったく違うので、早くても夜10時すぎに帰宅、入浴、人によってはそれから食事、晩酌となる。どうしても、朝起きるのがつらくなり、生活が夜型になってしまう。夕方、玄関に立って生徒をむかえたり、通常の授業の前に通信制高校と提携した授業もあるので、夕食時間は4時ころ、夕食を抜いて帰宅までがまんするという人もいる。何より体調管理に気をつけなくてはならない。

　当時、勤務の開始は午後1時からとなっていた。ある新聞社が、教員の遅出早帰りを報じたことによって、かつてのような夕方からの勤務開始は、ほとんどの夜間定時制高校で行われなくなっていた。全日制高校であれば昼休み中の会議や巡視、義務制の学校であれば給食指導などはなんらかわらずに、勤務の開始と終了の時間だけが問題にされていた。

　夜間定時制高校もまた、生徒の低学力、不登校、授業妨害、暴力行為など、生活指導上の問題が山積していた。全日制高校を暴力事件で退学させられたにもかかわらず、それをくり返す生徒。暴力事件が職員室への殴り込みに発展したこともあった。

　いかつい雰囲気の生徒は、乱暴な行為をしなくても、ただ椅子から立ち上がるだけ、ただ椅子に腰かけるだけで、他の生徒に脅威を与えることがある。教室には弱い生徒もおり、両者の存在は指導を難しくしていた。

　ある全日制高校のケースだが、体罰を目撃した生徒が不登校になったと聞いたことがある。これはどんな生徒であってもそうだが、口頭による注意も、よほどのことがない限り、他の生徒がいる前でやらないように気をつけなくてはならない。

　多くの場合、荒れる生徒には切るべき人間関係があると思うのだが、そうならずに暴走族が学校に来てしまうこともある。また、くわしく述べることはできないが、保護者の問題も無視できない。時間や金銭にルーズな生徒も多い。一方で、まるで天使のような生徒もいる。

　もうひとつの問題は、誤解をおそれずにいえば、職員室がふきだまりだということである。夜間定時制高校には、各学校のお荷物教員が集まる傾向が非常に強く、生徒には偉そうなことをいっておきながら、手抜きを決

め込んでしまう教員も珍しくない。したがって教職員集団で取り組むということが非常に難しい。なお、夜間定時制高校は、学年制ではなく単位制のため、1年次、2年次といういい方をする。

◆夜の高校生

　夜間定時制高校は、以前であれば30代や40代の生徒がいて、HR担任をサポートしてくれたと聞いたことがある。しかし当時、そういう生徒はほぼいなくなっていた。K高校への赴任と入れ違いで卒業した、60代前半の生徒について聞いたことはあるが、あとは20代の生徒がK高校とG高校に1人ずついただけである。

　1年程度の過年度であればともかく、高卒の資格を取りたいと考えている人が、何年もたってから夜間定時制高校に入学してくるというケースは、現在では珍しい。やはり高卒の資格がほしくても、年代のちがう生徒といっしょに高校に通うのは、相当なエネルギーが必要なのだと思う。

　1、2年程度まわり道をした過年度生のなかには、学校に対する反抗心が強く、結局退学してしまうケースがある。それはどちらかといえば自分の意志というよりは、周囲に説得されて入学してきたというパターンである。

　ここでは、G高校で出会ったY君を紹介したい。Y君は、20代前半で夜の高校生の仲間入りをした生徒だった。もともと中学校時代に荒れていたこともあり、高校受験に失敗。結局、就職するしかなかったという生徒だった。届けられた書類を見たときに驚いたのは、中学校が作成した書類のほとんどに斜線がひかれており、事実上、白紙といっていい状態だったのである。

　よくよく調べてみると、当時、学校教育法施行規則第28条が改正され、指導要録の保存期間が20年から5年に短縮されたことにより、5年以上前に在籍した生徒の資料は存在しないということだった。

　Y君が、G高校を受験する決心をした背景には、夫を亡くし、苦労を重ねながらここまで育ててくれた、母親に対する贖罪と感謝の気持ちがあっ

たと思う。入学後は、ひとまわり近く年代のちがうクラスメートと積極的にコミュニケーションをとり、相談役をつとめるなど、人望を集めた生徒だった。

　Ｙ君は、生徒会の中心メンバーとして、教室と職員室のパイプ役を果たしてくれるようになった。当時、生徒指導主事だった私と、職員室で隣りあって打ち合わせを行い、生徒それぞれの性格や個性を考えながら、新入生歓迎会やＧ高祭などの学校行事をつくりあげていったことが懐かしく思い出される。

　Ｙ君は、地元の祭りで屋台をまかされた経験を生かし、Ｇ高祭の模擬店で焼きそばづくりに奮闘してくれた。当時すでに、「焼きそばを買うなら定時制」といわれるようになっていたが、その伝統を引き継いでくれた立役者のひとりである。彼のように全体に目配りしてくれる生徒がいれば、教職員の負担は軽くてすむ。

　また、定時制の取り組みとして定着していたモザイク壁画を、学校の枠をこえて市民にアピールしたのも彼だった。Ｙ君は、今では二児の父親である。

◆ もうひとりの夜の高校生

　夜の高校生をもうひとり紹介したい。Ｓ君は中学校時代に不登校になった生徒だった。その事情をくわしく述べることはできないが、ある出来事をきっかけに、学校に行くことができなくなってしまった。

　しかし私は、夜間定時制高校に入学したとたん、不登校がなおってしまうケースをたくさんみてきた。Ｓ君もそのひとりだった。彼は遠方からの通学を３年間続け、ついに皆勤賞を受賞した生徒である。私自身は、皆勤賞そのものが今の時代にふさわしくないのではないかという疑問をもっていたが、彼の受賞については心から祝福したいと思った。

　Ｓ君が帰宅時に乗車するのは最終電車であって、途中から乗客が彼ひとりになってしまう。しかも自宅が駅から遠いため、降車後約30分走って

帰る。したがって帰宅時間は、夜11時を過ぎてしまうことも珍しくない。不登校を克服したS君は、雨の日も雪の日も無遅刻、無欠席、遠距離通学で夜間定時制高校に通い続け、3年次には生徒会長に選ばれるまでになった。「体育」の時間に行われたシャトルランを見学したとき、最後まで走り続ける彼を見て、壁をのり越えた人間は強くなって帰ってくるということを実感した。

　それ以上に印象に残ったシーンがある。S君が3年次のときだった。当時、希望者限定で授業開始前の教室に集まってもらい、進路激励会を開催していた。ジュースとキットカット（きっと勝つ）か、五所川原名物のあげたい（合格させたい。たい焼きを油で揚げた五所川原市民のソウルフード）を食べながら仲間を激励するというものである。出席した先生と生徒には激励のあいさつ、大学受験や就職試験をひかえた生徒には、決意表明をしてもらった。

　ある激励会でのこと、最初にあいさつをふられたS君だったが、突然だったにもかかわらず、短くしかも誰よりも中身のあるあいさつをしてくれた。はっきりした記録が残っておらず、ここで再現できないのが残念だが、もうひとり参加してくれていたY先生と、思わず顔を見合わせたことを覚えている。

　S君は東京のYホテルに就職が決まった。おそらく職員室全体が、定時制の生徒をあのホテルが採用するのかという驚きをもって受け止めたと思うが、奇跡でもフロックでもない。10人程度の参加者が目撃しただけだったが、彼は短い言葉でもっている力を証明した。私にはここまで成長したのかという感慨があった。夜間定時制高校については、第4章でもう一度、就職指導を中心に述べることにする。

第 2 章：授業編

「わかる授業」と
「ゆさぶる授業」

◆スーパーマンになれ

　第2章は授業編である。前半で、新採用からの足跡をたどりながら授業の内容や方法について考察し、後半では具体的な授業実践について報告したい。

　新採用教員として赴任した1989年4月は、とんでもなく忙しかった。生徒指導部兼2年生の副担任だったが、生徒指導部の仕事に加えて、なぜか教務部でもないのに奨学金の仕事もあった。身体測定で生徒の視力検査をやりながら、奨学金の書類を作成、発送も同時に行わなければならなかった。私は、いきなりスーパーマンになれといわれたような気がしていた。

　さらに放課後や土日は、野球部の監督としての仕事もあった。4月中に春季大会地区予選がはじまってしまう。その前に選手の名前や特徴を覚えられるのだろうかと、不安になるほどだった。今の学校は5月に入っても忙しさが続くので、当時はまだましだったかもしれない。ゴールデンウイークが終わったあたりで、ようやく一息つくことができた。

　授業は「世界史」と「政治・経済」を受けもった。私は、臨時講師や非常勤講師の経験もなかったので、授業ノートを一からつくらなければならなかった。ひとつの授業を終えても、次の授業はすぐにやってきた。当然、十分な準備ができるはずもなく、こんなはずじゃなかったと思いながら、時間だけが経過していった。日中は授業と分掌の仕事が忙しく、翌日の授業の準備は、部活動が終わったあと、職員室に帰ってきてから行うしかなかった。今から思うと、若さでなんとか乗りきったと思う。たいがい、遅くまで残っているのは若い先生たちだったので、それはそれで楽しい時間でもあったのだが。

◆みなさんは中学生以下です

　私が採用された年度から、初任者研修が試行実施となり、校内、校外研

修が行われた。とくに校外研修は、忙しい職場を離れて行う。講演、実践報告、他校の授業参観、岩木山登山、キャンプなどである。私には研修そのものの意味がわからなかった。どの研修も取り入れようと思う意見、実践はほとんどなかった。これは10年経験者研修などでもほぼ同じだった。

　それは、初任者研修で下駄づくりを指導してくれた講師の先生が、「私は中学生にも同じ指導をしたことがあるが、みなさんは中学生以下です」と、あきれたようにいったことに象徴的にあらわれている。これは研修を受けている1年目の先生たちに能力がないのではなく、下駄づくりが行われたのは宿泊研修の最終日、おそらく参加者のほぼ全員が研修の意味もわからず、早く帰りたくてしかたがないという状況だった。研修はやはり強制ではなく、自主的な参加によって行われるものだと思う。

　職場には、教職員組合の加入をすすめる人も、歴史教育者協議会（歴教協）の存在を教えてくれる人もいなかったので、どちらとも遠回りして出会った。当時の青森県の学校は、どこに採用されてもほぼ同じような状況だったと思う。教育雑誌を購読している先生にも、2校目ではじめて会うことができた。

　校内研修の一環として行われていた公開授業の合評会も、自由討論のかたちでは誰も発言しないので、司会者である教頭が席順に指名して、あたりさわりのない感想をそれぞれ述べて終わりというものだった。それは自分が研究授業をやったときに批判されないための保険であり、まじめに議論して、周囲から浮かないための行為ともいえる。すべての意見がだめとはいわないが、参考になるような意見はめったに聞くことができなかった。砂をかむような思いで時間が過ぎるのを待つしかなかった。

◆ ほんずない生徒

　職員同士の日常の会話といえば、「（生徒が）ほんずない（馬鹿だ。愚かだ）」とか、教育とは関係のない話ばかりである。関係のない話というのは、そうさせられている状況があると思うので、それはそれで理解できなくもな

いが、生徒を馬鹿にするというのは、もし授業がうまくいかないとしても、それはすべて生徒のせいということになり、結局は転勤しか楽しみがないということになる。

　30年近く前の話になるが、教育実習にやってきた卒業生が、職員室でかわされる「（生徒が）ほんずない」という会話に、驚いたような顔をしていたことが今でも印象に残っている。

　授業だけでなく日常の教育活動で悪戦苦闘していた私には、こういった職員室の状況は、あきらめてはいけないのかもしれないが、似たような気持ちがあったと思う。結局、一郡部校から視野を広げて校外、つまり教職員組合だったり教育サークル、青森県から東北、東北から全国に目を向けるしかなかった。

　青森県の職場の状況は、厳しいいい方かもしれないが、教育正常化県のなれの果てであり、自分の頭で考えない、ただ指示を待って、その通りに動けば無事につとめおおせるというムードが蔓延していたと思う。今こういった状況が、全国に広がっているように思えてならない。

◆「わかる授業」と生徒を見る目

　まず、私がめざしたのは「わかる授業」だった。主に実践書から情報を仕入れて、日常の授業を見直すことにした。とくに義務制の先生たちの実践は参考になった。そしてそれ以上に重要だと思ったのが、生徒を見る目を鍛えることだった。必然的に授業改善は、生活指導の学びがともなうものとなった。

　高校に進学してくる生徒の何割かは、中学校、あるいは小学校の授業についていけなかった生徒であり、家庭学習の習慣がほとんどない生徒もいる。さまざまな困難をかかえている生徒に対しては、家庭環境から人間関係、趣味、価値観など、総合的にとらえる必要がある。これは、「わかる授業」の大前提だと思う。

　生徒を見る目を鍛えること、さらに学校や生徒をめぐるさまざまな状況

が、政策によって生み出されていることを理解しなければならない。学習指導要領は、最初から落ちこぼしを前提としており、そこに大きな問題があるのは間違いない。補充教育の多くを民間やボランティアにまかせている現状は、明らかに倒錯している。

　テレビのある情報番組で、イチロー選手が全国アマチュア野球指導者講習会を受講したことに対して、「イチローに対して失礼だ」「イチローに何を教えるんだ」という発言があった。この意見にうなずく人はいるかもしれないし、イチロー選手だからこそ語れることもあると思う。しかし、選手としてのイチローがどんなに素晴らしくても、指導者としては初心者だということ、選手時代とはちがう努力が必要だということを理解しなければならない。教育の道のりは長く曲がりくねっていて、かんたんに目的地にたどりつけるほど甘くはない。

◆教科指導のなかの生活指導

　教員の仕事のなかで、教科指導と生活指導のふたつはかんたんに切り離せるものではなく、密接に結びついている。たとえば、授業の開始時に全員が席についているとは限らない。始業を告げるチャイムが鳴っていても、何割かの生徒が廊下でだらだらと話をしたり、まったく教室にはいろうとしない。学校によっては、こんな光景も珍しくない。教室にはいれ、はいらないでトラブルになることもある。

　授業中に堂々とトランプをはじめるグループがいたり、教室のうしろに車座になってジュースを飲んだり、世間話をするグループがいたりすることもある。授業中の内職や、居眠りをしてしまうといったかわいいレベルの話ではない。

　第1章で述べたように、高校生の一部は学校不信、教師不信のかたまりである。小学校から差別され虐げられてきた恨みは、かんたんには解きほぐせない。先生とはいっさい話をしない生徒も、私のクラスではなかったが存在した。これでは人間関係をつくりようがない。

人としてのつきあいの第一歩は、会話することではないだろうか。会話が成立しないとすれば、それは人間関係が成立しないということであり、教育も成立しない。しかし、たとえば授業開始前に生徒と親しく会話していたとして、チャイムが鳴ってもそのままののりでいいというわけにはいかない。授業中は席に着く、教科書を開く、ノートをとるといったことが求められる。少なくとも古典的な授業はそうである。いずれにしてもある程度の時間が必要である。生徒理解は教材研究以前に、教員がこえるべきハードルだと思う。

◆ めざす教師像

　授業における教員は、オーケストラの指揮者だという人がいる。他の教員は、アドバイスなど側面からの援助はできたとしても、そのかかわり方には限界がある。つまり授業の充実は、担当者にゆだねられた責任だということである。

　ただしこの指揮者は、団員の意見をていねいに聞かなければならない。演奏も当初予定したように進むとは限らない。途中でスタックしてしまうこともあれば、まったく予想しない方向に進んでしまうこともある。フリージャズとはいわないが、予定通りに終わるということがとても難しく、まるで生き物のようである。

　これは、教育だからというほかはない。教育である以上、一方通行ではなく双方向のいとなみが求められる。つまり生徒の反応によってどういう展開をするかわからないということである。もし教育が一方的な教え込みだとしたら、最初から指導する方、指導される方という具合に、役割分担がはっきりしているということであり、それは教育というよりは調教に近い。

　そもそも知っていることと教えることは違う。たくさん知っているからいい授業ができるとはかぎらないし、できる人はなかなかできない人の気持ちがわからない。教材研究は、授業者としてはあくまでも必要条件であ

り、決して十分条件ではない。私は教科の専門性を高めることはもちろんだが、授業者としての力量を高めたいと考えていた。

どんな学校に勤務しても、たとえ相手が小学生であっても、大学生や大人であってもいい授業ができる、ともに成長できる、充実した笑顔と出会うことのできる、それが私のめざした教師像だった。

◆ わかるように教えてみろ

私の教え子には、社会科学の基礎的な知識のない生徒が多かった。パリを国の名前だと思っていたり、アメリカ合衆国の首都はニューヨークと答えたりする。沖縄と聞いて何をイメージするかと聞けば、「青い海」と芸能人の名前しか返ってこない。「がいこう（外交）って何だば？」とか、「けんちょうしょざいち（県庁所在地）って何？」と聞かれたこともある。率直な生徒が多かったともいえる。

だからといって、ドリル的な指導を高校生に強いるのは効果的ではない。ある高校で、数学の自習監督をしたときのこと、出された課題を見て驚いたことがある。それは、九九を２回ずつ書きなさいというものだった。いくら基礎的な知識に欠けるからといって、授業担当者が不在のときの課題としては乱暴であり、「オレたちにわかるように教えてみろ」という彼らの声にならない声を無視するものでしかない。

また、停学処分を受けた生徒が、漢字の筆順があまりにもひどいというので、国語の教員である教頭が指導したことがあった。対象となった生徒は、見かけは熊のような大男だったが、指導後に泣いていたという。高校生には高校生のプライドがあって、馬鹿にされたくないという気持ちは非常に強い。

「数学」は「社会科」以上に苦手な生徒が多く、小学校までさかのぼって学びなおす必要がある。屈辱にまみれた「算数・数学」史を、いっしょにふり返る気持ちがなければならない。忘れてならないことのひとつは、多くの教員は自分の得意な教科を担当しているが、だからといって生徒も

得意であるとは限らないということである。九九にかぎらず、学ぶべきタイミングをのがした人の学びなおしはとても難しい。

　満点をとったとか1位になったとか、「大成功」である必要はない。がんばったらいくらか点数がよくなったとか、少しだけど成績がアップしたという「小さな成功体験」は、学校行事を成功させたという達成感、成就感以上のものではないだろうか。勉強がわかるということは、多くの生徒の日常の行動がかわることにつながる。勉強が苦手な生徒は、やってもできないかもしれないという恐怖心が先に立ってしまい、学ぶことに背を向けてしまう。在学中に少しでもいい、がんばったら点数がよくなった、周囲からほめられたという経験をしてほしいと考えていた。

◆スキー、もう終わり？

　たとえば小学校の「体育」の授業を考えてみる。鉄棒の逆上がりや跳び箱などは、できる人たちからすればかんたんなことであり、できない人の気持ちを理解することは難しいだろう。おそらく、逆上がりや跳び箱が苦手だったという人が、「体育」の教員になるケースはほとんどないと思われる。

　しかしもし、「体育」の教員から「こんなこともできないのか」とか、「お前の運動神経はどうなっているんだ」といわれたとして、その生徒がやる気になるだろうか。へたをすると、ただ体育の時間が苦痛で、時間が過ぎるのを待つだけになってしまう。むしろ教育者である以上、できずに苦しんでいる生徒に対してどういうアドバイスができるのか、どういうアシストができるのかを、自分自身に問わなければならない。

　ここでひとつの事例を紹介したい。それはN高校で行われていたスキー教室でのことだった。スキー教室は校庭にミニスキー場をつくり、「体育」の授業で練習をくり返した後、町のスキー場、最後は鰺ヶ沢町のスキー場で実習を行う。

　鰺ヶ沢スキー場（当時の名称）は遠いので、大型バスを3台借りきって、

クラスごとに分乗して移動する。ところが、朝の段階で不安を訴える生徒がいる。原因のひとつがスキーに対する苦手意識であり、もうひとつがトイレの問題である。これを読んでいる人には想像できないかもしれないが、高校生が小に限らず、バスのなかで漏らしてしまうことはありえないことではない。

ところが、1日の日程が終わるころになると、出発時には嫌がっていたにもかかわらず、「もう終わり？」と残念そうにいう生徒がたいてい出てくる。鰺ヶ沢スキー場には初心者向けのコースがあって、なだらかなスロープが続いているせいもあるかもしれないが、確かにボーゲンが徐々にできるようになり、途中から楽しそうにすべっていた。

スキーが苦手な生徒は、スピードがコントロールできずにまっすぐ進んでしまい、怖さのあまりスキーの上で座り込んでしまうことがある。こういった生徒たちに怒鳴っても効果があるとは思えない。そこでどういう声がけ、技術指導を行うかは、自分自身のスキーが上達するのとは別なスキルだと思う。

すべての授業が「体育」のように、1日で苦手意識を克服できるわけではないし、簡単には進まない。しかし、頑張ってやってみたらボーゲンができるようになったということも、貴重な「成功体験」だと思う。

◆英数と歴史嫌い

残念ながら「英語」や「数学」で、「体育」のようなことはなかなかおきない。1日で劇的にかわるということはほぼないといってもよい。へたをすると教員は、授業をやるたびに生徒の学力を下げ続け、きらいな生徒を大量に生み出してしまう。たとえば、最初の授業がいちばん学習意欲が高いといわれる「英語」が典型である。

では、私の担当してきた「社会科」（「地歴科」「公民科」）はどうだろうか。「社会科」の場合、「英語」や「数学」とくらべると、まだ苦手克服の可能性がある。「数学」のように小学校までさかのぼったりしなくても、ここ

から、今からはじめられる。「英語」とちがって教科書も日本語で書いてある。「日本史」であれば漢字、「世界史」であれば片仮名を覚えるのが面倒という生徒は少なからずいるが、「数学」や「英語」ほどそのハードルは高くない。

　一方で、中高生の歴史ばなれ、歴史ぎらいは何十年と指摘されている大きな課題であり、改善されない状況が続いている。この点についての分析は別に必要だし、高校入試や大学入試など、「社会科」をめぐる状況を大きな視野でとらえる必要がある。

　私は今、大学の教員養成課程で、「社会科教育論」の授業を担当している。途中で教職を断念したり、民間企業を受ける学生も多いので、あくまでも「社会科」の教員になるのは彼らのうちの一部なのだが、少なくとも「中学校社会科」の教員免許をとろうとして授業を受けにきている。

　彼らの大学生活は、他の学生の何倍も忙しくなるはずである。しかも、他の学生のなかには、教育実習のころに民間企業の面接を受ける人もいるので、教職組は出遅れてしまう。就職活動の段階では教員免許がとれるのかどうかもはっきりせず、履歴書に書くこともできない。また、中学校の教員免許をとりたい人は、昔はなかった介護体験が必要になる。

　そこまでして教職をとろうと考えている彼らのうち、約１割の学生が、年度当初のアンケートで歴史がきらいだと答えている。受験の弊害だとかいろいろな指摘をすることはできると思うが、この事実は教育者ばかりではなく、研究者もふくめて深刻に受けとめなければならない事実ではないだろうか。

◆ 授業改善の道

　とくに歴史の授業では、ほぼ毎時間、独自プリントによる学習を導入してきた。板書をたくさんしてしまうと、ノートに書き写すのにものすごい時間を要してしまう。クラスによってはほとんどの漢字に振り仮名が必要になる。一度黒板をみて、ある程度頭に入れてノートを書くということが

苦手で、顔をあげてはさげるということの頻繁過ぎるくり返しなので、とにかく時間がかかる。ノートをとることで満足してしまっているような気もする。

　対策のひとつとして、「授業プリント」の空欄補充に作業を限定させることで、時間を短縮してきた。プリントを中心に授業を進め、重要なところに時間をかけて考えさせ、教科書はおもにまとめと確認に使った。「授業プリント」は、授業のポイントや史資料を1枚に凝縮して提示できるメリットがある。これは、歴教協大会の授業方法分科会でヒントをもらった。

　また、できるだけ五感に訴える授業をするようにこころがけた。具体的には後で紹介するが、DVDやCDを活用した映像や音楽、自作の写真パネル、実物教材などの視聴覚教材やクイズなどを可能な限り活用する。

　ただし「わかる授業」は、漫才でもゲーム大会でもない。生徒の理解が感覚的なレベルで止まってしまわないよう、授業で何を伝えたいのか、何を考えてほしいのかをおさえておく必要がある。そのためにも教育と研究を結びつけなければならない。教員は、教育と研究、それぞれ質の異なる力を身につける必要がある。教育者であり研究者である教員の姿こそ、もうひとつのめざすところである。

　ただ、教材を充実させていったときの課題がひとつある。青森県のほとんどの高校には、社会科準備室がない。私はさまざまな教材を自宅に準備していたが、忘れてきたら終わりということになる。視聴覚室も、たいていは学校にひとつしかない。条件としては恵まれていないし、個人としても金のかかりすぎる弱点がある。仮に備品費などで購入できたとしても、個人のものではないし、転勤したら活用できなくなる。ただ、私が以前訪問した千葉県のある公立高校には社会科準備室があったので、これについては今後増えていく可能性はあると思う。

◆時代を切りさくサウンド

　映像教材は、映画やドキュメンタリー、アニメなどがあり、どれを選択

し、どのタイミングでどのように見せるのかが問われるが、とくに20世紀以降の近現代史に関しては、映像教材を活用しない手はない。

　音楽については民族音楽だったり、チャイコフスキーの「1812年」やコルサコフの「シェヘラザード」などクラシック音楽もあるが、映像資料同様、近現代史のほうが豊富である。これらは文化史でもあり、とくに公民権運動やベトナム戦争などは、音楽ぬきで語ることはできないほど重要だといえる。

　公民権運動であれば、ビリー・ホリディの「奇妙な果実」を冒頭にかけて、この果実って何だろうと問いかけたり、公民権運動のテーマソングともいえる「勝利をわれらに」や、テレビ番組で出演者の誕生祝いとしてサビの部分が使われることが多い、スティービー・ワンダーの「ハッピー・バースデー」などをかける。「ハッピー・バースデー」はキング牧師を歌った曲だが、サビしか知らなかった生徒にとっては、意外に思うようだ。

　ベトナム戦争も音楽教材が豊富である。ピート・シガーの「花はどこへ行った」や、ボブ・ディラン、ジョン・レノンの一連の曲など、あげたらきりがない。クロスビー・スティルス・ナッシュ＆ヤングの「オハイオ」は、1970年のオハイオ州、抗議集会に参加していた大学生を州兵が射殺した事件を描いたものである。事件から数週間のうちに発表されたこと、チャート入りしたことなど、まさにあの時代を象徴する曲のひとつだった。イラク戦争でもブラック・ライブズ・マター（BLM）運動でも、ここまでのことはおきていないと思う。私の年代では追体験だが、ウッド・ストックのジミ・ヘンがそうだったように、激しいギターのリフが時代を切りさいていた。

　こういった動きは日本にも飛び火するのだが、反戦、貧困、環境など、政治権力に抵抗するものが多い。そのため、放送禁止（放送自粛）の扱いを受けることもある。表現の自由に圧力がかけられるとき、それは平和や民主主義の危機だということをあらわしている。音楽教材の活用については、あとでもう一度報告したい。

実物教材1：国旗と民芸品

　実物教材については、旅先の土産物店か海外の雑貨を取り扱っている店で購入することができる。もちろん現地に行かなくても、インターネットの通信販売だともっとかんたんに手に入る。

　いくつか実物教材を使った授業をここに報告したい。たとえば、イギリスの国旗を教室にもち込む。イングランド、スコットランド、ウェールズそれぞれの旗を示しながら、イギリスの成り立ちを説明する。サッカーやラグビーのワールドカップに出場しているのはおもにイングランドであって、イギリスではない。ここから、セント・ジョージの伝説や、セント・アンドルーとX型の十字架の話をしてもいい。私はつい、近年のスコットランド独立運動に関連させて、まつろわぬ民、日本の東北の話をしてしまう。

　長い名前だが、正式名称グレート・ブリテンおよび北部アイルランド連合王国（United kingdom of Great Britain and Northern Ireland　略称UK）もあわせて説明する。洋楽が好きな生徒であれば、UKツアーなどといったりするので理解しやすい。

　また、ロシアの民芸品マトリョーシカにはかわったものがある。たとえば作曲家や政治家のマトリョーシカである。なぜか日本の政治家のものまである。ロシア人は政治家グッズが好きなのかもしれない。私が購入したなかでは、一番外側からプーチン、エリツィン、ゴルバチョフとさかのぼっていくものがあるが、生徒はエリツィン、ゴルバチョフもよく知らないようだ。逆にレーニン、スターリン、フルシチョフ、ブレジネフ、アンドロポフ、チェルネンコ、ゴルバチョフと時系列のものもある。似顔絵にもなっているので、イメージづくりには一役買うのではないだろうか。

　インパクトが大事なので持ち運びはたいへんだが、火縄銃のようにサイズの大きいもの、それとレプリカであっても精巧につくられているものがいい。私が個人的に好きなのは、中国の56の民族がならんだ、ケース入りの小さな人形である。

　生徒の何割かはオーストリアとオーストラリアの区別がつかない。オーストラリアであればカンガルーとかコアラなど何となくイメージはあるのだが、オーストリアについてはさびしい限りである。それぞれ名前の由来などを説明しても、なかなか生徒は興味をもってくれない。

　そこで、外務省のホームページ（HP）から両国のデータを印刷して配り、プリント「オーストリアとオーストラリア」を穴埋めしてもらった。頃合いをみて、高らかにカウベルを鳴らす。沈黙を、できるだけ大きな音で破るのがポイントである。

　なにごとかと顔をあげる生徒たち。カウベルは牛の首につける鈴のことだが、ここからアルプス山脈について説明する。そこからオーストリアであればモーツァルトのCDをかけたり、オーストラリアであればブーメランなどを見せたりした。CDは作曲者の名前を告げずに曲をかけ、正解者にはチロルチョコ（チロルとの直接的な関係はない）を景品としてあげたこともある。

　国旗でいえば、オーストリアの十字軍の伝説、オーストラリアの星の意味、ユニオン・ジャックなどは、アプローチとして効果があるかもしれない。他に国旗のなかにユニオン・ジャックが描かれているものはないか、さがすのもいいだろう。少しでも生徒の印象に残るとすれば、授業は成功ではないだろうか。

◆フィールドワークで財産を

　視聴覚教材の充実にはフィールドワークが欠かせない。生徒たちの多くは旅の経験が少ないのでその効果は大きい。とくに海外の場合、英語のできるできない、時間のあるなしなど、できない理由をあげていったらきりがない。私はアジアを中心に、可能な限りのフィールドワークをしたつも

クイズプリント1

●オーストリアとオーストラリア●

正式国名	①	②
人　口	約880万	約2,565万
首　都	③	④
民　族	おもにゲルマン系	アングロサクソン系など欧州系、中東系、アジア系、先住民など
宗　教	キリスト教（カトリック78%、プロテスタント5%）	キリスト教52% 無宗教30%
言　語	⑤	⑥
元　首	⑦	⑧
首　相	⑨	⑩
通　貨	⑪	⑫
特　徴	シェーンブルク宮殿など世界遺産多数、音楽の都ウィーン、チロルアルプス、スキー、ザッハトルテ	エアーズロック、グレートバリアリーフなど世界遺産多数、ワラビーズ、鉱産資源、羊毛
著名人	モーツァルトなど作曲家多数、他にフロイト、カフカ、シュワルツェネッガー、ニキラウダ、トニー・ザイラー	ラッセル・クロウやニコール・キッドマンなどアカデミー賞を受賞した俳優多数、グレッグ・ノーマン、イアン・ソープ、パトリック・ホワイト

注：2021年3月現在、外務省HPより

クイズプリント1　解答

①オーストリア共和国　　②オーストラリア連邦　　③ウィーン
④キャンベラ　　⑤ドイツ語　　⑥英語
⑦アレクサンダー・ファン・デア・ベレン（大統領）　　⑧エリザベス二世
⑨セバスティアン・クルツ　　⑩スコット・モリソン　　⑪ユーロ
⑫オーストラリア・ドル

りだが、行った人間だからこそ伝えられるものがあると思う。

　ベトナムのバイクの洪水、雄大な長江の流れ、板門店の独特の雰囲気、かつてのパゴダ公園で私が勝手に感じた緊張感、トルコ人が語るシュリーマン、警備のレベルが別格の「ゲルニカ」、フランスの美術館で模写をする子どもたち、ホワイトハウスの前で「1人原爆展」を開催する老人、バス停の位置をまちがえて教えたかもしれないとわざわざ走ってもどってきた釜山の青年、労働法制の改悪に抗議するソウルの若者と待機する同世代の軍人たち、勝手に人の靴を磨いたかと思うとトルコと日本は友だちだからお金はいらないというイスタンブールのおじさんなど。写真の撮影、民芸品の購入などもふくめた経験の蓄積によって、授業者としての財産が増えていくことになる。

　日本国内にも授業のネタはごろごろしている。旅先で知らない町を歩いていても、誰かと話をしていても、常にどこかにネタが落ちているのではないかときょろきょろする。こういう授業をしたらみんなどんな反応をするだろうか、あの生徒はどうだろうと顔を思い浮かべながら構想をねる。学術書も授業をイメージしながら読む、これらはすべて教員の宿命である。

◆ 失敗を乗りこえた自作パネル

　NHK高校講座で世界史の講師を担当していた綿引弘氏は、『世界史の散歩道』（聖文新社）のなかで、「写真パネルが教材のなかで最も効果がある」と述べている。しかし私の経験では、市販の写真パネルを出しても、生徒たちはなかなか顔をあげてくれない。パワーポイントはできる教室がかぎられるし、金銭的に可能であれば、自作の写真パネルのほうが効果があると思う。A4ではなく、A3のようにできるだけ大きいほうがいい。

　世界遺産になっているような建造物や自然の風景などは、市販のパネルでも入手できるのだが、授業担当者が撮影してきたものは体験談つきである。街の様子、食事、可能であれば現地の人たちの写真、何をどうやって食べているのか、どういったものを着ているのか、風俗の違いなどがわか

るようであればなおいい。

　学校行事などの写真をとるため、カメラを趣味にする教員は少なくないと思うが、とにかくたくさん撮ることが基本である。旅先で自身の写真を撮っておくこともおすすめしたい。時間が経過するほど価値が出る。

　失敗例をいくつか紹介すると、たとえばワシントンで、ウォーターゲートビルを撮影しようとカメラを構えたとき、自分たちの写真をとろうとしていると勘違いされて、折りたたみの傘をぶつけられたことがある。

　ロンドンの国立陸軍博物館で、ナポレオンの愛馬マレンゴの写真（骨格のみ）をとったはずなのに、帰国後いくらさがしても見つからない。結局、間違って削除してしまったのか、そもそも撮影に失敗したのか、いまだに不明ということもある。

　ニューヨーク郊外のウエストポイント陸軍士官学校を見学したときには、帰りのバスのなかに財布を忘れてしまい、財布は戻ってきたのだが、中身がすっかり抜き取られていた。財産はわけてもての原則通り、もうひとつ財布があったので何とかなった。こういった失敗談こそ生徒は聞きたがっているかもしれない。生徒にはこういいたい。

　「失敗から学べ」

◆「社会科」と学校行事

　「社会科」は、授業がすべてというのではなく、さまざまな機会を利用して取り組む必要がある。たとえば学校行事、文化祭や修学旅行などである。文化祭は地域の産業や学校の歴史を調べ、発表することもできるし、ふだんの授業で取り組んでいることを発表してもよい。最近の文化祭は、模擬店やカラオケなどはにぎやかだが、その分、文化行事としての意味合いが小さくなっている。ひとつでも文化的な発表がなければさびしいものがある。

　修学旅行については、あとでもう一度触れることになるが、行き先が国内であれ海外であれ、決して旅先のみで完結するのではなく、事前学習や

事後学習もふくめた取り組みにしたい。そういう意味では、文化祭と修学旅行を合体させた取り組みも考えられる。多くの場合事前学習ということになるが、たとえば広島について、沖縄について学ぶ機会をもうけることで、より修学旅行が充実したものになることが考えられる。

とにかく、傑作ではなく労作をつくりあげることを目標に取り組んでいたので、遅くまで作業することを意識し、休憩中に肉まん（ピザまんでも）を食べ、ジュースを飲むことを恒例とした。

残念ながら青森県内の学校は機械警備になってしまったので、遅くまで作業するということ自体ができなくなってしまった。そこで最後に勤務したI高校では、逆に時間を早くして活動することにした。早朝に生徒を集め、このときは模擬店の準備だったが、キュウリの一本漬けの仕込みをしたことがある。だれひとりとしてさぼることなく、作業は完了した。生徒の思い出づくりにかける情熱は、半端ではなかった。文化祭については、第3章でもう一度取り上げることにする。

◆「地域」と「時代」を切り口に

私には授業を充実させるためのキーワードがふたつあった。ひとつは「地域」である。以前、青森県の地元紙「東奥日報」が、以下のような記事を掲載したことがある。「核燃施設を『見たことがない・知らない』と回答した児童は四五％に上り、大規模開発が学校で教えられていないことも推測された。大坪助教授らは『地域問題に関心を持つ意識が高い児童は村外に流出し、牧歌的な児童しか村に残らない傾向がみられる』と分析している」（「東奥日報」1999年6月22日付夕刊、弘前大学助教授大坪正一、弘前大学大学院生矢崎明「六ケ所村小学生意識調査」）

「牧歌的」というのがよくわからないが、記事によると六ケ所村の子どもたちは、自分たちの住んでいる村を有名にしている核燃施設についてよく知らないし、教えられていないという。たしかに、下手をするといっさいの批判抜きで、児童、生徒を六ケ所原燃PRセンターの見学に連れてい

く学校もある。

　六ヶ所村の小学生だけではない。高校生も自分の足元を知っているとはいえない。教員も生徒も、文化祭のクラス展示の調査や「地理巡検」など、「地域」に飛び出してみたらどうだろうか。地域とつながったり、ごろごろしているネタを発掘するのも「社会科」の大事な役割だと思う。

　「地理巡検」は一種の総合学習であり、「地理」にとどまらない学習が可能である。一定期間、「社会科」（「地歴科」「公民科」）の授業のなかで学習を行い、最後に貸し切りバスなどを利用してフィールドワークができれば、よりいい取り組みになる。私が経験したなかでは、N 高校にとっての「地域史」、中世の豪族安藤氏を、生徒のほとんどが知らないということもあった。自分たちの住んでいる青森県の歴史、農業、漁業などの産業や生徒たちの日常生活、つまり「地域」がキーワードのひとつである。

　もうひとつのキーワードは「時代」である。たとえば 2003 年までさかのぼるが、世界中の多くの高校生がイラク戦争について意見表明をし、デモや集会など、何らかの行動をおこした。しかし、日本ではほとんど何もおこらなかった。このことが日本の教育に投げかけたものは大きいのではないだろうか。今、生きている時代がどんな時代で、これからどう生きていけばいいのか、何をすべきなのか、たとえば東日本大震災やコロナなど、生徒とともに考えるべきテーマはたくさんある。

　最近は ESD（Education for Sustainable Development、持続可能な開発のための教育）が注目されており、キーワードとされている環境、貧困、人権、平和などは、私が行ってきた実践と重なるものだと思う。

◆ 「ゆさぶる授業」——学ぶことへの動機

　新年度がはじまる 4 月、授業の入り口にあたる 1 回目は、担当者それぞれの工夫があると思う。私の場合は、とくに「歴史とは何か」とか「歴史を学ぶとは」といった話はひかえてきた。

　それ以降の授業も、知識のイタチごっこに終始するのではなく、考えて

ほしいテーマにスポットをあて、そこでゆさぶることができるかどうかで勝負するのである。テーマが琴線に触れたとき、生徒はこちらに顔を向け、目を輝かせる。そのときがチャンスである。「歴史をなぜ学ぶのか」という話をする。

　社会に対する見方、歴史観などがゆさぶられ、考えるようになれば、ここから生徒との新しい歩みがはじまる。学ぶことへの動機ができれば、知識もあとからついてくる。何のために学ぶのかわからないままでは、学習意欲も生まれるはずがない。私が担任として送り出した卒業生のうち、大学に進学したのは6人しかいない。受験で引きつけようとしても、ほとんどの生徒が大学進学を考えていなかった。「知識があったほうが楽しい」とか「人生が豊かになる」など、知識を前面に押し出してもはね返されてしまう。

　一方で、原爆の授業でさえかんたんに通じない現実もある。どのような方法を用いれば、どのようなアプローチをすれば、被爆者の痛みを理解し、思いに共感できるのか、試行錯誤を重ねるしかない。ここを突破できれば状況はまったくかわってくる。生徒の反応をみながら、少しずつネタを増やし、アレンジしていくしかない。

授業実践1

「満州へ行け」「連盟よさらば」（「日本史」「世界史」）

　「実物教材1　国旗と民芸品」と「実物教材2　オーストリアとオーストラリア」は、授業実践の予告編的なものだが、ここからはいくつか具体的な授業の例を紹介していきたい。まず歴史の授業、日本の近現代史からいくつかのテーマをピックアップする。はじめに「満州へ行け」である。

　とくに記録を残しているわけではないので、私の考える授業のポイントやねらいなどが中心になるかもしれないが、ご容赦願いたい。手元にある生徒の授業評価や感想、意見などは、すべてそのままのせることにする。

　紹介する授業実践はどこの高校というよりも、少しずつ修正を加えなが

らつくりあげていったものである。また「授業プリント」は、実際に使用したものから被爆者の証言などをのぞいた史資料の一部を省略して紹介する。本来はA4表裏印刷にして配布するが、省略が多いものは片面のみとなっている。「授業プリント」は、授業の進行に使うメインのプリントであり、「クイズプリント」は授業の途中、アクセントのひとつとして活用してきた。

〈孤立する日本〉

　1920年以降、経済恐慌に陥っていた日本は、国内に生じた矛盾の解決を海外に求め、大陸への進出をはかるようになる。1931年の満州事変、翌年の満州国建国の結果、日本は国際連盟を脱退し、孤立化の道を歩むことになった。そしてこのころから、国策としての満蒙開拓移民が本格化していく。

　この授業には考えてほしい重要なポイントがいくつかある。国際連盟の総会で、満州国の承認撤回を求める勧告案に反対したのは日本のみだった。日本の主張は、各国の理解を得ることができなかった。およそ1カ月後、日本は国際連盟脱退を通告した。

　「日本ヨイ国、キヨイ国。世界ニ一ツノ神ノ国。日本ヨイ国、強イ国。世界ニカガヤクエライ国」は、戦前の「修身」教科書にあった文章だが、この理屈が当時の日本以外の国に通用しなかったことは明らかである。

　松岡洋右は、「満州事変に世界が感謝する日がくることを信じて疑わない」と総会で演説したが、実際にそんな日が訪れることはなかった。生徒には、過去だけでなく現在の日本が独善主義におちいっていないか、常に考えてほしいと思っていた。

● 満州へ行け ●

【大学は出たけれど】

1929（昭和4）年、ニューヨーク株式市場の株価大暴落をきっかけに、アメリカ合衆国では銀行や工場がつぶれ、失業者が町にあふれるようになった。恐慌は、資本主義各国に波及する〔①　　〕恐慌に発展し、翌年、日本にまで拡大してきた。生糸の価格と同時に物価が下落、企業の倒産が日本でもあいつぎ、失業者の数も急増した。これを〔②　　〕恐慌という。大学生の就職率は、1932年35％、翌年40％と空前の就職難となり、「大学は出たけれど」が流行語となった。

【豊作飢饉と凶作飢饉】

農村はさらに深刻で、マユや米など農産物の価格が下落した（〔③　　〕恐慌）。1930年は豊作貧乏、翌年には東北や北海道が〔④　　〕による大凶作となった。一方で小作料がさがらなかったため、農民は借金地獄におちいり、女子の身売りや学校に弁当をもってくることができない〔⑤　　〕児童が急増した。1932（昭和7）年の文部省の発表によると、全国で20万人をこえるほどになっていた。同年、文部省は訓令を発し、〔⑥　　〕給食制度がはじまった。

【強大化する財閥】

三井・三菱・住友・安田などは四代〔⑦　　〕とよばれ、倒産した企業や銀行を合併、多くの産業を支配し、巨大勢力を形成した。彼らは政党と結びつき、政治にも強い力を及ぼすようになった。政府は労働争議や小作争議を弾圧し、国内改革による脱出ではなく、戦争とファシズムの道を選んでいった。

【軍部の台頭】

中国では国内統一が進み、民族意識が高まるとともに抗日運動がさかんになった。日本政府は、「満蒙（中国東北部）は日本の〔⑧　　〕」であるとして、中国大陸へ進出すれば生活のゆきづまりからぬけ出せると宣伝した。1931年の〔⑨　　〕国建国後、日本人農業移民が本格化し、満蒙の治安確保、対ソ戦準備、農村の困窮を解決するために、終戦までに32万人以上が入植した（〔⑩　　〕移民）。そのなかで10代後半の青少年を送り出すために、各地の高等小学校に割当てが行われ、約10万人が〔⑪　　〕義勇軍として海をわたった。しかし、多くの犠牲者を出す結果となった。

「満州へ行け」解答

①世界　　②昭和　　③農業　　④冷害　　⑤欠食　　⑥学校　　⑦財閥
⑧生命線　　⑨満州　　⑩満蒙開拓　　⑪満蒙開拓青少年

●連盟よさらば●

【関東軍の独走】

　1931（昭和 6）年〔①　　　　〕日、奉天郊外で満鉄線爆破事件がおこった（〔②　　　　〕事件）。〔③　　　　〕軍は自分たちでしかけたにもかかわらず、中国軍によるものとして攻撃を開始した。その後、奉天、長春、吉林など南満州の主要都市と鉄道を占領した。

　〔④　　　　〕内閣は事件の不拡大を決めたが、軍事行動はその後も続き、錦州、チチハル、ハルビンを攻撃、約 8 か月で満州全土を占領してしまった（〔⑤　　　　〕事変）。これは日本初のラジオの臨時ニュースや新聞の号外で、日本中に報道された。

【あやつり人形】

　〔③　　　　〕軍は、〔⑥　　　　〕朝最後の皇帝〔⑦　　　　　〕をスポーツカーのトランクルームにのせ、天津から満州に脱出させた。1932 年、〔⑦　　　　　〕を執政とする〔⑤　　　　〕国を建国した。長春が新京と改名され、首都に定められた。日本はこの国が「〔⑧　　　　〕協和（日・朝・漢・満・蒙）王道楽土」であると宣伝したが、実際は〔③　　　　〕軍司令部が実権を握っていた。

【リットン調査団】

　日本の軍事行動は国際的な批判にさらされた。中華民国政府の訴えを受けた国際連盟は、英・仏・米・独・伊の委員からなる調査団の派遣を決定した。イギリス人〔⑨　　　　〕が団長だった。

【さらば国際連盟】

　1932 年 9 月、斎藤実内閣は、日満議定書を締結し〔⑤　　　　〕国を承認した。翌年 2 月、国際連盟臨時総会は、〔⑨　　　　〕調査団の報告から、かいらい国家であると判断して、承認撤回を求める勧告案が提出された。〔⑩　　　　　〕日本全権代表の演説のあと、採決が行われ、賛成（⑦　　　　）か国、反対（⑦　　　　）か国、棄権（⑦　　　　）か国となり、採択が決まった。日本全権団は総退場し、翌月、脱退を通告した。以後、日本は孤立化の道を歩むことになった。

①9 月 18　②柳条湖　③関東　④若槻礼次郎　⑤満州　⑥清
⑦溥儀　⑧五族　⑨リットン　⑩松岡洋右　㋐42　㋑1　㋒1

〈学校教育の責任〉

　次に、満蒙開拓青少年義勇軍と生徒を送り出した学校の問題である。戦後、ようやく日本に帰ることができた人たちのなかには、学校にだまされたと感じ、恩師の家をたずね、暴れることでうっぷんをはらした人もいると聞いたことがある。現地の被害者もふくめ、学校が背負うべき歴史的責任といってよい。たとえそれが国策であっても、教員が与えられた目の前の仕事に一生懸命に取り組むことが、とんでもない結果をもたらしてしまったという歴史の教訓である。

　これは過去の出来事ではあるが、今後おこりえないということではない。たとえば日本のエネルギー政策、国策として進められてきた原発についてはどうだろうか。本当に原発はコストが安いのか、福島第一原発はどうなっていくのか、たまり続ける汚染水はどうするのか、完全にブロックされているのか、地震や津波は大丈夫なのか。

　一度こわれた環境を元にもどすのはかんたんなことではない。原発にかかわらず、学校教育にかかわる者は、国策ではあってもそれが正しいのかどうか、自分の頭で考え、判断しなくてはならない。

〈暗く貧しい東北〉

　さらに東北の視点について指摘しておきたい。日本経済を直撃した昭和恐慌だが、大根をかじる子どもの写真とともに、貧困にあえぐ東北のイメージ、暗く貧しいというイメージが拡散されていった。冷害に苦しんできた日本の農業だが、もともと稲作は熱帯地方で行われていたのであり、日本の農業が米中心となり、東北などで培われてきた稗や粟、そば、大豆などの雑穀と、狩猟を中心とした山の文化がわきに追いやられてきた歴史がある。雑穀という言葉が、このことをよくあらわしている。

　戦前の満州、戦後のアメリカ合衆国から大量に輸入された大豆は、南部大豆を市場から追いやってしまった。現在の大豆の食料自給率はわずか6パーセントである。朝鮮半島から米が大量に輸入されたことも、東北の農

業にとっては激震だった。

　戦時中には、1942（昭和17）年の食糧管理法による米の強制拠出、翌年の果樹園転作令では、りんごやミカンをつくるなといわれ、木を切ることを余儀なくされた。これらはすべて中央の都合であり、東北をはじめとする地方のそれではない。東北は暗く貧しいというよりは、暗く貧しくさせられていたのではないだろうか。過去だけでなく現在においても、地方は中央に政治的に支配され、利用され続けてきたのである。

　中央にすべてが集中し、地方が切り捨てられていく現状は、今でもそれほどかわっていない。これは東北にかぎらず北海道、四国、九州、沖縄など、地方がかかえる問題であり、同時に日本の問題でもある。日本の農業が後継者不足に悩んでおり、消滅しかねない危機的な状況にあることも、東北だけでなく、都市部や他の地方の高校生にも考えてほしいテーマである。

〈東北の視点〉

　修学旅行で東京に行くと、「Soup Stock Tokyo に行きたい」という生徒がいる。彼らのなかに、都会を象徴しあこがれの存在となっているものがあるようだ。

　三内丸山遺跡をたずねれば、ここは昔東京だったとか、過剰な思い入れをしているボランティアガイドに会うことがある。青森県にかぎらず、日本中どこにいってもお国自慢はあると思う。しかしこれは、中央コンプレックスの裏返しであって、青森が小東京をめざす必要はないと思う。

　宇宙から東京の中央線のあかりが見えると、ある本で読んだことがある。もし日本中が東京みたいになろうとしたら、日本の電気の消費量はたいへんなことになる。いずれ東京とは別な価値観が見直されるときがくる。青森には青森の価値観があるし、東京が唯一絶対ということはないはずである。私は食糧自給率を維持し（東北は宮城、福島をのぞく4県が100％をこえている）、自然と共存してきた東北のあり方が、いずれ注目されるようになると考えている。

朝鮮や中国など、侵略を受けた国の視点は、これまでの歴史学習のなかで取り入れられてきたと思うが、東北については必ずしもそうではない。この東北、青森の視点を生徒のなかに育てていきたいと考えていた。

授業実践 2
「戦時中の国民生活」(「日本史」「世界史」)

　次に、日中戦争からアジア太平洋戦争にかけて、当時を生きた日本人がどのような生活をしていたのかがテーマである。教科書に出てくるような偉人、英雄だけが歴史をつくってきたのではない。名もない庶民の日常に注目することで、見えてくるものがあるのではないだろうか。
　【英語は使ってはならん】については、今までに全問正解という生徒はひとりもいなかった。とくに「練歩」「協走打」「杖球」などが難しい。「須田博」も、よほど野球の歴史にくわしいか、旭川出身者でなければわからないだろう。
　アメリカ合衆国では三大スポーツのひとつとされているベースボールだが、野球は日本でも人気スポーツのひとつである。今、野球中継で英語が禁止になるとしたら、と考えるだけでもおかしい。実際の試合でも「ストライク」を「よし1本」、「アウト」を「ひけ」といっていたのである。しかし、当時は大真面目だった。孫氏の兵法書はいまだに読み続けられているが、己も知らなければ、敵も知ろうとしなかったといえるのではないだろうか。
　クイズを楽しみにしている生徒ほど、正解できなかったときは悔しがっていた。クイズを授業に使うことで、楽しみながら考え、真実にせまっていくことができていたと思う。

〈歴史から学べ〉

　戦前、戦中の日本において、天皇制や対外戦争といった、国家の本質にかかわる部分に疑問をもつことは許されなかった。とくに総力戦の時代に

は国をあげて戦う姿勢が求められ、反対者は厳しい取り締まりの対象となった。しかし、「発端に抵抗せよ」「終末を考慮せよ」（M・マイヤー『彼らは自由だと思っていた』未來社）の言葉通り、気がついたときにはすでに遅かったのである。

　生徒からはよく、「この時代に生まれなくてよかった」という感想が出てくる。あとで取り上げる広島修学旅行でも、アンケートに「今のままでも平和だ」と答える生徒がいる。もしこの時代に生きていたとしたら、私はどんな行動をしただろうか。そして、現在の日本が本当に平和なのか、戦争の兆しはまったくないのだろうか、と問い続けなければならない。そのためにも、戦前の日本を分析する意味は大きいと考えている。

　たとえば、科学という点ではどうだろうか。

　「戦況行きづまりの兆、ようやく覆いがたくなった頃、時の東条陸相がある朝早く突然陸軍航空士官学校に乗りつけた。『飛行機は何で落とすか』と、生徒にじかに質問した。『弾で落とす』との答えを聞くや、『精神で落とすんだ』とどなりつけた」（飯塚浩二『日本の軍隊』岩波書店）。

　『日本の軍隊』は他にも、掌から発する電波によって、B29の来襲を防ぐことができると、真顔で説明する陸軍の高級参謀がいたことを紹介している。これははたして過去の笑い話だろうか。今の日本人は非科学をのりこえているだろうか。

　反省点としては、「満州へ行け」も「戦時中の国民生活」も、聞き取りなど、地域の掘り起こしについてほとんどできなかったという点である。私の実家の近所にも樺太で生まれたという人がいたし、今でもぎりぎり可能性がなくなったわけではないと思う。

●戦時中の国民生活●

【とんからりん】

日中戦争が始まると、〔①　　　　〕総動員運動が全国的に開始され、町内会・〔②　　　〕会・〔③　　　　〕組が整備された。〔③　　　　〕組は、日常生活で守らなければならないことを話し合ったり、回覧板をまわして政府からの情報を伝えたりした。米、木炭、マッチ、みそ、しょうゆ、砂糖などの〔④　　　　　〕も行ったので、出征兵士の見送り、竹やり訓練、防火訓練などは欠席できなかった。協力しない人は〔⑤　　　　〕と非難され、いやがらせや圧迫を受けた。

【総動員体制】

1938（昭和13）年、〔⑥　　　　〕内閣は〔⑦　　　　〕法を定め、労働力、工場、機械、資源などを、議会の承認なしに軍需のために運用できるようになった。米、麦などの主要食糧については、農家から強制的に買い上げる供出制が、1940年からはじまった。

「ぜいたくは敵だ」「欲しがりません勝つまでは」「足らぬ足らぬは工夫が足らぬ」などの標語が、戦意高揚のために掲げられ、耐乏生活が強要された。人々は〔④　　　　　〕品だけでは食べていくことができず、農村に買い出しに行くようになった。政府は不足する金属資源をおぎなうために金属回収を行い、家庭にあるなべやかま、寺院の鐘まで差し出させた。

新聞や雑誌などのマスメディア、小説家や芸術家などによって、国民の戦意は高められた。情報は政府の統制下に置かれ、国民には正確な戦況すら知らされなかった。

【ファシズム体制の完成】

1940年6月から、〔⑥　　　　〕（翌月首相に就任）などが、全国民の戦争協力をめざす〔⑧　　　　〕運動を進めた。各政党は次々に解散し、同年、指導的組織として〔⑨　　　　〕会が結成された。1938年以降、労働者を動員するため、工場や事業所に〔⑩　　　　〕会が結成され、労働組合は解散に追い込まれていった。1940年、運動は大日本〔⑩　　　　〕会の創設に発展した。翌年末には会員数が547万人、組織率70％に達した。これによって、日本型ファシズム体制は完成した。

「戦時中の国民生活」解答

①国民精神　　②部落　　③隣　　④配給　　⑤非国民　　⑥近衛文麿
⑦国家総動員　　⑧新体制　　⑨大政翼賛　　⑩産業報国

●英語は使ってはならん●

1. アジア太平洋戦争が始まると、英語は敵性用語として禁止され、すべて日本語に変えられました。次の日本語は、もともとどのような英語だったでしょうか。

①音盤	②洋天
③練歩	④繰り出し鉛筆
⑤洋日傘	⑥電髪
⑦洋琴	⑧乳押え
⑨放送員	⑩砂糖天麩羅

2. とくにプロ野球は敵性スポーツとみなされ、全面的に日本語に変えさせられました。以下の空欄を埋めてください。⑬はロシア出身、300勝をあげた名投手の名前です。

①正球	②悪球
③正打	④圏外
⑤安全	⑥無為
⑦軽打	⑧躍転
⑨素球	⑩曲球
⑪協走打	⑫停止
⑬須田博	

3. 野球以外のスポーツもいいかえが行われました。次のスポーツはもともと何という名前だったでしょうか。

①雪滑	②氷滑
③排球	④籠球
⑤蹴球	⑥杖球
⑦打球	⑧重技
⑨闘球	⑩鎧球

「英語は使ってはならん」解答

1. ①レコード　②フライ　③ハイキング　④シャープ・ペンシル　⑤パラソル　⑥パーマ　⑦ピアノ　⑧ブラジャー　⑨アナウンサー　⑩ドーナツ

2. ①ストライク　②ボール　③ヒット　④ファール　⑤セーフ　⑥アウト　⑦バント　⑧バウンド　⑨ストレート　⑩カーブ　⑪ヒットエンドラン　⑫タイム　⑬スタルヒン

3. ①スキー　②スケート　③バレーボール　④バスケットボール　⑤サッカー　⑥ホッケー　⑦ゴルフ　⑧レスリング　⑨ラグビー　⑩アメリカンフットボール

「分断の 38 度線」(「日本史」「世界史」)

　次に、朝鮮戦争と逆コース、日本の再軍備がテーマである。憲法で戦争を放棄し、平和国家、民主国家としてスタートした日本の転機のひとつが、朝鮮戦争だった。今、インターネットやいわゆるとんでも本などで、中国、北朝鮮バッシングがくりかえされている。韓国バッシングもまた盛んである。それがかたよっていないのかどうかを検証する良識がなければ、戦前、戦中とくらべ、進歩しているとはいえないのではないだろうか。

　授業のはじめに、「授業プリント」と「釜山港へ帰れ」のオリジナル歌詞カード（省略）を配布し、CD をかけた。チョー・ヨンピルがオリジナルとはちがう歌詞を歌い出す。生徒のあいだにとまどいが生じる。よく読んでみるようにうながすと、オリジナルは恋人を思う歌ではなく、南北に分断された兄弟の思いを歌ったものだと気がついたようだ。

　「授業プリント」の空欄を埋めながら、前半部分、日本の植民地支配から解放されたあとの朝鮮半島情勢について、南北に分断され、ひとつの民族がふたつの国家にわかれていることや、朝鮮戦争の経過などについて説明した。日本の植民地支配についてはすでに学習済みではあるが、それに加えて朝鮮特需を素材に、日本とのかかわりも取りあげた。

〈クイズで真実にせまれ〉

　さらに「授業プリント」の後半部分、日本の再軍備である。まず、東アジアの掛地図を黒板にかける。歴史の授業であっても掛地図は必須アイテムである。中華人民共和国の成立、アメリカ合衆国の政策転換、朝鮮戦争、日本の再軍備という、日本国憲法からわずか 3 年後の警察予備隊の創設など、自衛隊の生い立ちの背景を確認した。「自衛隊クイズ」を配布し、最後に答えあわせをした。

　「自衛隊クイズ」は、落ち着いて考えれば全問正解の可能性がある。実

● 分断の 38 度線 ●

【熱い戦争】

1945（昭和 20）年 9 月、日本の植民地支配から解放された朝鮮は、北緯〔①　　〕度線を境界に、北はソ連の、南はアメリカ合衆国の占領下に置かれた。米ソ共同委員会で統一方法の協議が行われたが、決裂した。

1948 年、北に〔②　　　　〕共和国（金日成首相）、南に〔③　　　　〕国（李承晩大統領）が成立した。人々の統一の願いはふみにじられた。

1950 年 6 月には〔④　　　〕戦争がはじまった。ソ連欠席のもとで、国連は、韓国の支援と米軍を中心とする国連軍派遣を決定した。9 月、北朝鮮軍は釜山をのぞく韓国全域を占領したが、国連軍の仁川上陸から形成は逆転し、中国国境にせまった。中国人民義勇軍が派遣され、戦闘は〔①　　〕度線で一進一退となった。1953 年、板門店で休戦協定が結ばれた。

【朝鮮特需】

トヨタ自動車工業（現在のトヨタ自動車）は、不景気で自動車が売れなくなり、賃金の遅配、欠配がおこっていた。そこに〔④　　　〕戦争がおこり、大量のトラックの注文がきた。倒産寸前だった会社が息を吹きかえした。軍需品が大量に調達されることになり、日本の産業に強力な追い風となった。労働者は、低賃金など悪条件のなかで、しかも兵器中心の生産ではあったが、食べるために働き、労働運動もおさえこまれてしまった。日本は「アジアの工場」となっていった。

【再軍備とレッドパージ】

在日米軍が出動すると、空白をうめるためとして、〔⑤　　　　〕隊が創設された。最高司令官〔⑥　　　　〕の指示だった。憲法第 9 条違反ではないかとの議論がまきおこった。国会答弁で〔⑦　　　〕首相は自衛権を否定していた。その後〔⑤　　　〕隊を保安隊に改め、海上警備隊を新設した。さらに 1954 年、陸・海・空による〔⑧　　　〕隊を発足させた。参議院では海外出動を行なわないことを確認する決議を可決した。

〔④　　　〕戦争直前、日本共産党幹部が公職から追放され（〔⑨　　〕）、民間企業、官公庁に拡大した。一方で、〔⑩　　　　〕解除が行われた。

「分断の 38 度線」解答

① 38　　②朝鮮民主主義人民　　③大韓民　　④朝鮮　　⑤警察予備
⑥マッカーサー　　⑦吉田茂　　⑧自衛　　⑨レッド・パージ
⑩公職追放

●自衛隊クイズ●

　自衛隊は軍隊呼称をさけて、いいかえをしていました。次の自衛隊用語に適する旧軍用語を選んで記号を書いてください。

自衛隊
① 輸送艦　　② 特車　　　③ 護衛艦　　　④ 支援戦闘機
⑤ 施設科　　⑥ 普通科　　⑦ 二士　　　　⑧ 特科
⑨ 二尉　　　⑩ 水中変速目標艦

旧　軍
　a 工兵　　　b 中尉　　　c 揚陸艦　　　d 戦車
　e 歩兵　　　f 二等兵　　g 駆逐艦　　　h 砲兵
　i 攻撃機　　j 潜水艦

解答欄
① 　　　② 　　　③ 　　　④ 　　　⑤
⑥ 　　　⑦ 　　　⑧ 　　　⑨ 　　　⑩

「自衛隊クイズ」解答

① c　② d　③ g　④ i　⑤ a　⑥ e　⑦ f　⑧ h　⑨ b　⑩ j

際は警察に毛が生えた程度のものでもないし、近代戦遂行能力がないとも
いえない。いいかえでごまかし切れていないのは明らかである。

　ここで、自衛隊の認識票（レプリカ）を回覧した。しばらくの間、英語
で名前が書かれていることに疑問を感じる様子はなかったが、自衛隊の発
足時、参議院で海外出兵をさせないという決議が行われたことを説明する
と、首をかしげる生徒が出てくる。

　まとめとして、NHKのDVD「映像の世紀　第7集　勝者の世界分割
東西の冷戦はヤルタ会談から始まった」を見せた。生徒は食い入るように
見ていた。視聴覚教材については、生徒の鑑賞能力、とくに映画など長い
作品に対する鑑賞能力が落ちてきている難しさがある。

〈変貌をとげる自衛隊と日本の国際貢献〉

　青森県の高校では、進路指導の場面でも、自衛隊と他の企業ではあつか
いがちがう。自衛隊の説明会を校内で開いたり、誰かひとりでも自衛隊に
就職が決まったとなると、公務員になったということで評価される。青森
県は、他県と比較しても自衛隊に貢献してきたのであり、それはお上意識
の反映ともいえる。青森県でなくても、自衛隊の駐屯地に近い学校であれ
ば、実践の難しさは大きいのではないだろうか。

　1991年の湾岸戦争で、計130億ドルの対アメリカ合衆国支援を行った
こと、戦後、海上自衛隊の掃海艇を派遣したこと、1992年6月にはPKO
協力法（国際連合平和維持活動等に対する協力に関する法津）を成立させ、同年、
自衛隊をカンボジアに派遣したこと、空中給油機や空母の導入、集団的自
衛権の行使に踏み出したなどの動向をチェックすれば、発足時と今の自衛
隊のちがいがわかると思う。

　日本はこれまでどのような国際貢献をしてきたのだろうか。自衛隊派遣
という既成事実をつくることが、本当に現地から求められた国際貢献なの
だろうか。東日本大震災などの災害時に、駆けつける若者のボランティア
活動が注目されてきた。勝ち組、格差、貧困といった、近年の日本を象徴
するようなワードとはちがう生き方、価値観を求める人たちも増えてきて

いるように思う。こういった若者、海外で活動する NGO などがヒントになるのではないだろうか。

このテーマの最後に、9 条をもつ日本だからこそできる国際貢献を、生徒といっしょに考えてみたかった。議論の深まりという点では不十分だったかもしれない。

〈生徒たちの感想〉

以下に示すように、おもに日本の植民地支配に関するものだが、書いてもらった感想の一部が残っている。生徒たちはどのように受けとめ、日本と朝鮮半島の将来を考えただろうか。

１ 私が一番印象にのこっているのは伊藤博文が射殺されたことです。もし今の世の中でこのような事件があったらみんなどのような行動をとるだろうか。そして射殺した人はどうするのだろうかと疑問であるが、やっぱりこの事件はいやだ。みんなは、この事件をどのように考えているのだろうか。きっとほとんどが、このようなことはあってほしくないと思うだろうと思う。

２ （従軍慰安婦について）この話を母にしたら、こんなことをしていたのは日本人だけじゃないと思う、とすこし無関心な答えが返ってきてがっかりしました。

３ この時代に生まれなくてよかったと思いました。

４ 初めて「従軍慰安婦」という言葉を聞いた。内容を知りびっくりした。過去にこんなことがあったなんて信じられない。私は当時の日本人の考え方がこわくなった。

５ この学校で知ってしまった、日本のひれつなやりかたを、朝鮮戦争で戦った父を持つ私の母に習った通りに教えてやったら、うちのじいさんは悪くないと言っていたので、私が、でも日本のやり方はきたなすぎたんだよと言ったら大げんかになった。私の母のような人が朝鮮人を差別するのである。私は 40 才をこえた母には何をいってもむだ

だと思った。思いきっておまえのようなやつが朝鮮人を悪くいうので差別がなくならないのだと言おうとおもったが、だれのおかげで学校にかよえるのだといわれそうだからやめた。前にそのように言われたとき、おまえのせわにはならないといったら、本当に学校へ電話してしまったが、運よく日曜日の夜中だったのでだれもでるはずがなかった。

6 韓国と日本の関係についてもっともっと知りたいです。

7 韓国についてもっと知識を高めるべきだと思った。

8 もっと朝鮮を知って両国ともわかりあうようにしていきたいです。

9 ぼくたち日本人は韓国にした行為を忘れずに、またそのしたことに対する責任をもたなければいけないと思います。

10 日本人は慰安婦もふくめた朝鮮人の人生をめちゃくちゃにしたのだから、政府も事実かくしてないできちんとあやまってほしいと思います。

　家庭にまで授業が持ち込まれるという展開は、予想していなかった。ほとんどはじめて聞く歴史的事実に、生徒は衝撃を受けたようだ。後半の感想はやや優等生的で、本当に自分のものになっているかどうか不安を感じないでもないが、どこかの国の政治家よりはよほどまともな感想、意見ではないだろうか。全員が大学に進学するわけではないし、最後の砦としての役割が高校の教師にはあると思う。

　高校生は24時間学校にとじこもっているわけではない。スマートフォンをいじったり、親や友人と話もする。一部の生徒が、授業の話題を家庭に持ち込んだように、さまざまな環境のなかで、いろいろな影響を受けながら自身の価値観を形成していく。生徒と学校のかかわりは3年程度なので、その先のことや、文化の状況、マスコミの姿勢、世の中の風潮などの影響は軽視できない。

「青森県クイズ」(「日本史」「世界史」「地理」「LHR」)

　私の教え子に、青森県以外の都道府県で生まれ育った生徒はめったにい
なかったが、すでに述べたように、地元のことを知らない高校生は少なく
ない。たとえば、太宰治の名前は知っていても、せいぜい国語の教科書に
載っている作品くらいで、読んだことがない、代表作もほとんど知らない
という生徒が多かった。津軽弁（青森県の太平洋側は南部弁）にいたって
は、消滅しかかっている単語もたくさんある。

　この授業は就職試験対策を兼ねたものだが、何もしないと、ALT
（Assistant Language Teacher）は棟方志功や沢田教一を知っているのに、
生徒は知らないということにもなりかねない。先に述べたように、国際的
な視野をもつことは重要だし、同時に足元を見つめることも忘れないでほ
しいと考えていた。

　たとえば、日本をはじめて訪れた人が、東京、大阪、京都を観光したと
して、それで日本がわかったということにはならない。青森は新参者だが
（歴史学者の網野善彦氏によると、青森県が日本に加わったのは 12 世紀の
こと）、各地方に独自の歴史や文化があり、それらがあわさって日本が構
成されていると思う。

●青森県クイズ●

基礎データ		
県庁所在地	県の花	
人　口	県の木	
県知事	県の鳥	
世界遺産	県の魚	
特別史跡		

1. 次の津軽弁にあう標準語をア〜ツから選んで、（　）に記入してください。

①あっぱ　　（　　　）　　②あづましい　（　　　）　　③えふりこぎ　（　　　）
④おける　　（　　　）　　⑤じゃんぼ　　（　　　）　　⑥かちゃましい（　　　）
⑦けやぐ　　（　　　）　　⑧ごんぼほり　（　　　）　　⑨じぇんこ　　（　　　）
⑩べご　　　（　　　）　　⑪んだ　　　　（　　　）　　⑫わ　　　　　（　　　）
⑬な　　　　（　　　）　　⑭まいね　　　（　　　）　　⑮わらし　　　（　　　）
⑯め　　　　（　　　）　　⑰さしね　　　（　　　）　　⑱まっこ　　　（　　　）
⑲いだわし　（　　　）　　⑳かまり　　　（　　　）

ア	かっこつける	イ	うっとうしい	ウ	おいしい	エ	子ども
オ	だめ	カ	あなた	キ	私	ク	髪の毛
ケ	牛	コ	金	サ	もったいない	シ	わがまま
ス	友人	セ	気持がいい	ソ	ころぶ	タ	お年玉
チ	におい	ツ	お母さん	テ	そうだ	ト	うるさい

2. 次のヒントから人名や語句を（　　）に記入してください。

(1) 八戸市にある縄文晩期の遺跡。合掌土偶は国宝。1957年国の史跡に指定。
（　　　　　　　　　）

(2) つがる市にある縄文晩期の遺跡。遮光器土偶は有名。1944年国の史跡
に指定。
（　　　　　　　　　）

(3) 戦国時代の武将。弘前藩の開祖。　　　　（　　　　　　　　　）

(4) 青森市出身の世界的な版画家。「二菩薩釈迦十大弟子」は代表作。
（　　　　　　　　　）

(5) 金木町（現在の五所川原市）出身の作家。玉川上水で入水自殺。『走れ
メロス』『人間失格』『斜陽』『津軽』など。　（　　　　　　　　　）

(6) 青森市出身のカメラマン。ピュリッツァー賞受賞。「安全への逃避」。
（　　　　　）

(7) 平内町出身。津軽三味線を全国に広めた。　　（　　　　　）

(8) 弘前市生まれの小説家。『若い人』『青い山脈』など。
（　　　　　）

(9) 弘前市生まれの詩人、歌人、劇作家。劇団天井桟敷を結成。
（　　　　　）

(10) 八戸市生まれの作家。『忍ぶ川』で芥川賞を受賞。
（　　　　　）

(11) 弘前市生まれの作家。『津軽じょんから節』『津軽世去節』で直木賞受賞。
（　　　　　）

3. 以下の問題の答えとして正しいものをひとつ選び、（　　）に記号を書いてください。

(1) 青森県には、世界でもっとも北にすむ野生動物がいます。北海道にはいない世界最北限にすむ野生動物は何でしょうか。

①ニホンザル　　　②ニホンカモシカ　　　③キタキツネ　　　（　　　　　）

(2) 青森県の国道339号線は、日本でただひとつのかわった国道です。どこがかわっているのでしょうか。

①すべり台　　　②階段　　　③動く歩道　　　（　　　　　）

(3) 三内丸山遺跡にある巨大建造物は何の木からつくられていたでしょうか。

①柿の木　　　②くりの木　　　③くるみの木　　　（　　　　　）

(4) 青函トンネルには珍しいものがあります。海底下140メートルにあるこの不思議なものは何でしょうか（北海道新幹線の開通で現在は廃止）。

①海底公園　　　②海底湖　　　③海底駅　　　（　　　　　）

(5) 青森県には観光客の数が日本一というお祭りがありますが、何でしょうか。

①青森ねぶた　　　②弘前ねぷた　　　③八戸三社祭　　　（　　　　　）

(6) はじめての太平洋無着陸横断に成功した飛行機は青森県のどこを出発したでしょうか。

①黒石市　　　②青森市　　　③三沢市　　　（　　　　　）

(7) 白神山地にある世界で最も大きい原生林は、どんな木の原生林でしょうか。

　　①スギ　　　　　　②ブナ　　　　　　③ヒノキ　　　　　（　　　）

(8) 日本三大美林といえば、木曽のヒノキ、秋田のスギと青森県の何でしょうか。

　　①ヒバ　　　　　　②キリ　　　　　　③ブナ　　　　　　（　　　）

(9) 陸奥湾で養殖されている有名なものは何でしょうか。

　　①ひらめ　　　　　②むつ　　　　　　③ほたてがい　　　（　　　）

(10) 津軽五所川原駅と津軽中里駅をむすぶ津軽鉄道を走る列車はどれでしょうか。

　　①ストーブ列車　　②温泉列車　　　　③こたつ列車　　　（　　　）

(11) 鶴田町にある木造（ヒバ）としては長さが日本一の橋の名前は何でしょうか。

　　①アップル橋　　　②白鳥橋　　　　　③鶴の舞橋　　　　（　　　）

(12) 五所川原市の立ねぷたの高さはどれくらいでしょうか。

　　① 11m 強　　　　② 20m 強　　　　③ 30m 強　　　　（　　　）

(13) 津軽半島と下北半島を結ぶ海峡を何というでしょうか。

　　①津軽海峡　　　　②下北海峡　　　　③平舘海峡　　　　（　　　）

(14) 青森県が収穫量１位の農産物を複数選んでください。

　　①ながいも　　　　②とうがらし　　　③しょうが
　　④にら　　　　　　⑤にんにく　　　　⑥こしょう　　　　（　　　）

基礎データ：県庁所在地（青森市）　人口（約 122 万人）　県知事（三村申吾）
世界遺産（白神山地）　特別史跡（三内丸山遺跡）　県の花（りんご）　県の木（ひば）
県の鳥（白鳥）　県の魚（ひらめ）　　注：青森県の人口は 2021 年 3 月 1 日青森県 HP より
1. ①ツ　　②セ　　③ア　　④ソ　　⑤ク　　⑥イ　　⑦ス　　⑧シ　　⑨コ　　⑩ケ
　　⑪テ　　⑫キ　　⑬カ　　⑭オ　　⑮エ　　⑯ウ　　⑰ト　　⑱タ　　⑲サ　　⑳チ
2. (1) 是川石器時代遺跡　　(2) 亀ヶ岡石器時代遺跡　　(3) 津軽為信　　(4) 棟方志功
　　(5) 太宰治　　(6) 沢田教一　　(7) 高橋竹山　　(8) 石坂洋次郎　　(9) 寺山修司
　　(10) 三浦哲郎　　(11) 長部日出雄
3. (1) ①　　(2) ②　　(3) ②　　(4) ①　　(5) ①　　(6) ③　　(7) ②　　(8) ①
　　(9) ③　　(10) ①　　(11) ①　　(12) ②　　(13) ①　　(14) ①、⑤

「私の旅プラン」(修学旅行プラン「現代社会」)

「私の旅プラン」アンケート

1　関東地方(東京、千葉、神奈川など)、近畿地方(大阪、京都、奈良、兵庫など)、沖縄のなかから行き先を決めてください。
　　(例1　東京、千葉)、(例2　京都、奈良)

　　　　　　　　　　　　　　　　　　　　　　　　　　　　　　　　　　　

2　次に具体的に行きたいところをいくつかあげてください。
　　(例1　東京ドーム)、(例2　大阪城)

　　　　　　　　　　　　　　　　　　　　　　　　　　　　　　　　　　　

　　　　　　　　　　　　　　　名前　(　　　　　　　　　　　　　)

　「現代社会」の授業で、「私の旅プラン」(修学旅行プラン)の作成に取り組んだ。実際の修学旅行と結びつくわけではないのだが、ガイドブックなどの旅行雑誌や時刻表を活用しながら、観光だけでなく、スタディツアーとしても魅力のある旅を考える実践である。プランの作成にあたって、博物館や神社仏閣をひとつ以上いれることを条件とした。

〈アンケートとプランづくり〉

　はじめに、全員から「私の旅プラン」アンケートをとった。参考資料となる文献として、『るるぶ』などの旅行雑誌を教室にたくさん準備していった。実際の「修学旅行アンケート」では、関東地方、近畿地方の人気が拮抗していたので、そのふたつを中心に、沖縄も候補にいれることにした。

　計画をたてるにあたっては、修学旅行のメインとなるテーマ、目的地、目玉となる訪問先を考えてもらうところからはじめた。後半ではなく、旅

の前半に学習をいれるのがコツのひとつだと思う。

　関東地方であれば東京と横浜、近畿地方であれば京都と大阪、奈良と兵庫という具合に複数を組み合わせる手もあるし、肉まんや餃子、和菓子づくりなどの体験学習もおもしろい。それぞれの個性が発揮されるところである。できれば定番の観光スポットだけでなく、キラリと光るコースづくりをめざしてほしかった。たとえばディズニーランドやユニバーサルスタジオジャパンをいれると、コースを組むうえでも引率の面でも楽になるが、個性や面白味はない。

　作業中は机間指導をしながら進行を見守るようにする。あちこちから質問が出されるが、なるべくヒントにとどめ、考えさせるように、自分で選択させるようにした。少しずつプランが完成に近づいていく。

　コースがある程度できた人から、次の段階にはいる。時刻表から移動する際の時間などを調べるのである。教室には５冊ほど用意した。時刻表は１冊あれば飛行機、新幹線、高速バスなどの出発や到着の時刻を調べることができる。

　ところが調べ方がわからず苦戦することになり、ほとんどの生徒が聞きにくる事態になった。スマートフォンがあれば何でも調べることのできる時代だが、あえて時刻表にチャレンジする意味はあると思う。クラスメートと話しあってもよいことにし、スマートフォンは使わない、とにかく迷ったら相談するように話していた。

　かなり苦労しながらではあるが、ただ新幹線と書いていたのを、はやぶさ○号、飛行機であれば○便という具合に、列車名、便名、出発時刻、到着時刻を記入できるようになっていった。いずれ実際の修学旅行のために、自主研修の計画をたてることになるので、いい予行演習になったと思う。

〈「私の旅プラン」〉

　生徒が作成した「私の旅プラン」の例を、関東からひとつ、沖縄からひとつ、完成前のものを紹介したい。はじめに「私の旅プラン　関東方面」である。

＊私の旅プラン＊

旅行社
社　長
作成者
作成日
旅行先　関東方面

旅行期間　　　　年　　月　　日（　　）～　　　　年　　月　　日（　　）

	月日（曜）	行　　程	宿泊先	備考
1	5/29 （火）	学校 8:00 🚌 8:50 青森空港 9:45 ✈ 11:00 羽田空港（昼食）12:00 🚌 13:30 国会議事堂 14:40 🚌 14:50 日本テレビタワー 16:00 🚌 17:00 ホテル（夕食）	○○ホテル	
2	5/30 （水）	自主研修	○○ホテル	
3	5/31 （木）	ホテル（朝食）9:00 🚃 10:00 東京ディズニーランド（昼食、夕食各自）20:00 🚃 21:00 ホテル	○○ホテル	
4	6/1 （金）	ホテル（朝食）9:15 🚌 10:00 東京スカイツリー（昼食各自）12:30 🚌 13:00 羽田空港 14:30 ✈ 15:45 青森空港 16:00 🚌 16:50 学校	○○ホテル	

　「私の旅プラン　関東方面」の初日の国会議事堂は、青森県の中学校では定番のコースである。しかし夜間定時制高校であれば不登校経験者も多く、修学旅行に参加できなかった生徒にとっては初訪問ということになる。博物館も神社仏閣もないので、国会議事堂のおかげで少し救われている。

　また、全体に平板な印象で、これを強く押し出したいというような目玉企画がほしいということ、わずか４日間の日程のなかに、東京ディズニーランドと自主研修をいれるのはどうかということを伝えた。沖縄の場合はある程度テーマがしぼりやすいのだが、東京の場合はどういうテーマでも設定が可能なので、逆に難しいかもしれない。

＊私の旅プラン＊

旅行社
社　長
作成者
作成日
旅行先　沖縄方面

旅行期間　　　年　月　日（　）～　　　年　月　日（　）

	月日（曜）	行　程	宿泊先	備考
1	5/29（火）	学校 7:00 🚌 7:50 青森空港 8:45 ✈ 10:00 羽田空港 11:00 ✈（昼食・空弁）13:45 那覇空港 14:15 🚌 15:15 首里城めぐり（首里城公園、正殿、識名園）17:00 🚌 17:30 ホテル（夕食）	○○ホテル	
2	5/30（水）	ホテル（朝食）9:00 🚌 9:30 平和祈念公園（昼食）🚌 ひめゆり平和資料館 11:30 （途中昼食）13:00 国際通り散策 16:00 🚌 16:30 ホテル（夕食）	○○ホテル	
3	5/31（木）	ホテル（朝食）9:00 🚌 10:00 美ら海水族館 11:00 🚌（昼食）14:00 琉球ガラス村（オリジナルグラスづくり体験）15:30 🚌 16:00 ホテル（夕食）	○○ホテル	
4	6/1（金）	ホテル（朝食）9:00 🚌 9:30 那覇空港 10:30 ✈（昼食・空弁）13:15 羽田空港 14:15 15:30 青森空港 16:00 🚌 16:50 学校	○○ホテル	

　「私の旅プラン　沖縄方面」は、平和記念公園やひめゆり平和資料館など平和の課題、また、琉球ガラス村でのオリジナルグラスづくり体験もあって、充実した中身になっている。

　課題としては、平和記念公園には青森県のみちのくの塔のように各県の慰霊塔があり、そこで慰霊祭や平和集会ができる。そうすれば、この旅のメインテーマは平和ということになる。

　また、美ら海水族館と琉球ガラス村の距離がありすぎるので、もっと近いところに体験学習のできるところをさがすこと、せっかく沖縄まで出かけるので、最終日が移動だけではさびしい。あまり時間はとれないかもしれない

が、午前中に何かいれることはできないか検討するようにうながした。

　最近では修学旅行の業者を決定するときも、各社の見積もりをくらべるだけではなく、それぞれのプレゼンテーションを聞いて決定することもある。生徒たちにも発表の場をもうけ、質問や意見を出し合う場面があってもよかったかもしれない。そういう意味では、班単位でコースを決めていくという方法も考えられる。なおここでは省略したが、最近は経済的な理由で修学旅行に参加できない生徒も増えているので、彼らのために土産を選んでもらった。

授業実践6

高校生と労働者の権利 （「現代社会」「政治・経済」）

　次に「高校生と労働者の権利」である。高校卒業後、いきなり社長という人はまずいない。多くの卒業生は経営者ではなく一労働者となる。会社経営でもっとも経費がかさむのは人件費であって、経営者からすれば、安い賃金でたくさん働いてくれる人が一番ありがたいということになる。たとえばセクハラ、パワハラ、サービス残業など、実際にそういうことがおこったらどう対処したらよいのか。進学希望者もふくめ、「労働者の権利」を在学中に学んでおきたい。

　青森県の高校の多くは、経済的な事情がある場合に限るなど、アルバイトに対して制約をもうけているが、夜間定時制高校では社会体験として奨励している。朝方まで起きていて、昼過ぎまで寝てしまうような生活をさせたくないという思いもある。G高校では学期に一度、アルバイト先を訪問し、生徒の勤務状況について話を聞く機会をもうけていた。しかし、担当者のなかには、ご迷惑をおかけしていますとか、お世話になっていますというノリになってしまう人もおり、私は疑問に感じていた。

　3日でやめるとか無断欠勤をしてしまうというように、勤務先に迷惑をかけてしまうケースがあることはまちがいない。しかし実際には、それなりに頑張っている生徒のほうが多いのではないかと思う。むしろ雇用する

側に問題があり、不充分といわれる日本の労働基準法すら守られていない
ケースがあるのではないだろうか。

　2000年の大店法廃止以降、青森県にも中央企業の進出がめだっている。
それによって雇用が生み出されたともいえるが、地方経済を混乱させてい
るというマイナス面のほうがはるかに大きいのではないだろうか。たとえ
ば総合スーパーの地方進出は、地元商店街に壊滅的な打撃を与え、また、
労働者の多くを非正規雇用にするというやり方が全国に広がるきっかけを
つくってしまった。なかでも、アルバイトとして働く高校生は最底辺の労
働者である。

〈「労働者の権利」を授業で〉

　1時間目は教科書を使って、働くことの意義や労働三法、現在の労働環
境などを取り上げ、2時間目以降は「クイズプリント」をメインのプリン
トとして使いながら授業を進めた。2時間目は「労働者クイズⅠ」。質問1
の前半は「賃金支払いの5原則」である。現物支給や本人への直接の支払
いなどについては、例外はあるものの、原則として労働基準法に規定され
ている。

　もし就職した会社が給料の遅配をするようだったら、それは経営が危険
な状況にあるということなので、はやくやめた方がいいよと伝えた。3に
ついては労働基準法第20条に規定されているように、30日分以上の給料
をわたすという方法もある。解雇には要件があって、自由にできるわけで
はない（①人員整理の必要性、②解雇回避努力義務の履行、③被解雇者選
定の合理性、④解雇手続の妥当性）。

　4の残業手当は、残業させたら会社が損をしますよということである。2、
8など、正規雇用ではない就職も十分にありうるし、何かおきたときのた
めに（何かおきなくても）労働組合については、ぜひ時間をかけて考えさ
せたい。

　3時間目の「労働者クイズⅡ」は、ある弁護士の講演会で聞いた話から
出題したものである。その弁護士は、最近は会社が裁判に勝ったと考える

●労働者クイズⅠ●

1. 次の文章が正しい場合には○、間違っている場合は×を（　　）に書いてください。

①賃金は会社の製品などの現物支給でもよい。　　　　　　　（　　　　　）

②賃金は小切手で払ってもよい。　　　　　　　　　　　　　（　　　　　）

③賃金は数か月分まとめて払ってもよい。　　　　　　　　　（　　　　　）

④賃金は家族に払ってもよい。　　　　　　　　　　　　　　（　　　　　）

⑤労働者は賃金の口座振込みを拒否することができる。　　　（　　　　　）

⑥使用者は満18歳に満たない者を、午後10時から午前5時までの間に使用してはならない。　　　　　　　　　　　　　　　　　　　（　　　　　）

⑦使用者は、労働時間が6時間をこえる場合には少なくとも45分、8時間をこえる場合には少なくとも1時間の休憩時間を、労働時間の途中に与えなければならない。　　　　　　　　　　　　　　　（　　　　　）

⑧使用者は、労働者が労働時間中に、選挙の投票に行く権利を請求されても認める必要はない。　　　　　　　　　　　　　　　　（　　　　　）

2. 労働組合について、次の文章が正しい場合には○、間違っている場合は×を（　　）に書いてください。

①パートや臨時の人も組合員になれる。　　　　　　　　　　（　　　　　）

②職場に労働組合がない場合、個人で入れる労働組合がある。（　　　　　）

3. 労働者をやめさせる場合には何日前に予告しなければならないでしょうか。　　　　　　　　　　　　　　　　　　　　　　　　（　　　　　）

4. 労働時間が8時間をこえる場合、残業手当は少なくともいくらになるでしょうか。　　　　　　　　　　　　　　　　　　　　　（　　　　　）

5. 産前休暇、産後休暇は何週間以内でとれるでしょうか。

産前（　　　　　　　　　）、産後（　　　　　）

6. 育児休暇は、子どもが生まれた日から何歳になるまでの間、とることができるでしょうか。　　　　　　　　　　　　　　　　（　　　　　）

7. パート・アルバイトに有給休暇はあると思いますか。正しい方を選び、記号を書いてください。

① ある　　② ない　　　　　　　　　　　　　　　　　（　　　　　）

8. 次の職場で労働組合がないのものを複数選んでください（日本の場合）。

① JR　　② 学校　　③ 警察署　　④ 消防署　　⑤ 会社　　⑥ 病院
　　　　　　　　　　　　　　　　　　　　　　　　　　（　　　　　）

「労働者クイズ I」解答

1. ①×　　②×　　③×　　④×　　⑤×　　⑥○　　⑦○　　⑧×
2. ①○　　②○　　　3. 30 日前　　　4. 2 割 5 分増
5. 6 週間、8 週間　　　6. 1 歳　　　7. ①　　　8. ③、④

クイズプリント 6

●労働者クイズ II ●

　A子さんは、B社に就職するときに、結婚した場合か、または結婚していなくても 28 歳になったら退職しますという誓約書にサインしました。しかし、A子さんは結婚しないまま 28 歳になりましたが、やはり仕事を続けたいと考え、会社を相手に裁判をおこしました。さて、この裁判ははっきり決着がつきました。どちらが勝ったでしょうか。

「労働者クイズ II」解答

A子さん

人が多くなっているという話をしていた。私の経験からも、誓約書にサインしたんだから約束は守らなきゃだめでしょ、という生徒のほうが多かったと思う。しかし、誓約書自体が憲法違反、両性の平等に反するというのが裁判所の判断である。

　ここまでの授業を受ける形で、アルバイトをしている生徒に発言を求めると、「うちは着替えが終わってからタイムカード押してるけど？」とか、「店の前を掃除してからっていわれてるけど？」というような話が出てきた。授業終了後には、解雇されて「最後の１週間くらいが無給になった」と話してくれた生徒もいた。

　アルバイト経験のない生徒のほうが多かったせいか、授業そのものがピンときていないように感じたので、生徒のアルバイト経験を出発点にしたほうがよかったかもしれない。アルバイトは、時間を守ることやまかされた仕事に責任をもつことなど、社会勉強になるという面もあるが、ブラックだったりグレーだったりする企業があることは事実だと思う。

　まだ最後の授業１コマを残していたが、中間まとめとして、自分自身の商品価値を高めること、戦闘力をアップさせること、就職に生かせるような資格をとることが大切だということ、ただし、もっとも価値ある資格は高校を卒業することという話をした。これまで、卒業できずに学校を去っていった生徒たちのことが頭にあった。高校時代に取得可能な資格で、これ以上のものはない。

〈日本の失業率〉

　最後の授業は、「完全失業率クイズ」を使いながら、失業について考えてもらった。失業率は、国際的に統一された算出方法があるわけではなく、国ごとに方式がちがっている。日本の場合は、月末１週間に就職活動を行っている人しかカウントされず、仕事をしたくてもあきらめてしまったり、病気やけがで入院した人は失業者ではない。

　2020年12月の総務省統計局「労働力調査（基本集計）」によると、日本の完全失業者194万人、完全失業率2.9％となっている。最近は3％弱で推

クイズプリント6

●完全失業率クイズ●

　総務省が行っている失業統計では、完全失業率を次のように定義しています。「仕事がなくて調査期間中（月末1週間）に少しも仕事をしなかった、仕事があればすぐ就くことができる、調査期間中に、仕事を探す活動や事業を始める準備をしていた（過去の求職活動の結果を待っている場合を含む）人」。

　では、今年3月の調査で以下のように回答した5人は完全失業者に数えられるでしょうか。数えられるという場合は○を、数えられないという場合は×を（　）の中に書いてください。

①コロナの影響でパートで働いてきた飲食店を解雇されました。今はあきらめて専業主婦にもどり、家事に専念しています。　　　　　　（　　　　）

②夫の収入だけでは子どもの学費を払えないと思い、3月15日、ハローワークで仕事をさがしてみました。でも、自分にあった仕事がなかったので、その後職探しをしていません。　　　　　　　　　　　　　（　　　　）

③温泉街の土産物店で働いていました。コロナの影響で観光客が激減し、自宅待機を命じられました。今のところ復帰のめどもたたず、困っています。
　　　　　　　　　　　　　　　　　　　　　　　　　　　　　（　　　　）

④失業中です。今は実家の八百屋の手伝いをしたりして、こづかい程度のお金をもらっています。　　　　　　　　　　　　　　　　　（　　　　）

⑤商社で営業の仕事をしてきました。過労のため、肝臓をこわして長期入院しています。早く会社に復帰したいと思いあせっています。　（　　　　）

⑥昨年12月に会社を解雇されました。再就職したいと思って3月25日にある会社の面接を受けました。今、その結果を待っているところです。
　　　　　　　　　　　　　　　　　　　　　　　　　　　　　（　　　　）

「完全失業率クイズ」解答

①×　　②×　　③×　　④×　　⑤×　　⑥○

移しているが、そもそも算出方法がちがうので、他国の数字とくらべても意味がないということになる。

　失業者の定義について総務省は、国際労働機関（ILO）の基準、「仕事を持たない」「仕事を探している」「すぐに仕事につくことができる」にもとづいているというが、たとえばアメリカ合衆国は調査期間を1週間ではなく4週間としているなど、大きなちがいがある。

　また、2019年度の総務省「労働力調査（詳細集計）」によると、24歳以下の就業者数560万人に対して、285万人（50.9％）が非正規労働者であることから、およそ半数の若者が正規の職を得ていないことがわかる。1999年の労働者派遣法改悪以降、この傾向が強まっている。

　日本の完全失業率は、実態を反映しているとはいえない。おそらく日本の失業率は、外国とくらべて低いと勘違いしている人が多いのではないだろうか。なお、「完全失業率クイズ」は、「隠れ失業」など最新の情報を盛り込むなど、若干の修正を行った。

授業実践7

「食料問題を考えよう」（「現代社会」）

　日本の食料自給率（カロリーベース）は、1965年度の73％から下がり続け、2019年度は38％だった（農林水産省HP）。日々の食事のおよそ6割程度を輸入食品が占めていることになる。日本の都道府県で、食料自給率100％を維持しているのは、北海道と新潟、東北では福島、宮城両県をのぞく4県だけである。

　1993年、冷害のため日本の米不足が深刻となったことは、『中学校社会科用教科書（地理）』にも掲載されている。青森県では、作況指数がゼロという地域もあった。しかしこれは、今の高校生が生まれる前の話で、彼らが実際に経験したことではない。

　食べ物ではないが、マスク不足の記憶が新しいので、こちらのほうが説得力があるかもしれない。マスク生産の約8割を中国にたよってきた日本

が、コロナ禍でマスク不足におちいったことは、高校生もよく知っている。

　半世紀以上にわたる食料自給率の低下は、食品の安定供給はもちろん、食の安全をもあやうくしていることになる。ヨーロッパでは、これまで低いといわれていたイギリスでさえ70％をこえている。

〈高校生の食生活〉

　なぜこの問題を取り上げたかといえば、日本にとって重要だというだけでなく、高校生の食生活が不健康すぎるという問題である。へたをすると1日、ポテトチップスとコーラしか口にしなかったという生徒もいる。おそらくこれは、特殊な例ではないと思う。朝食を毎日とっているかどうか、家族で食事をとる機会があるかどうかなど、アンケートをとればよかったと思うが、驚くような結果になった可能性がある。

　「（ファーストフードは）安いんだはんでいいんでね」という生徒の反応は珍しくない。もちろん何を食べるかは個人の選択であり、安いという魅力は否定しきれない。ただ、選択できない子どもはどうするのか、経済的に厳しい人たちはどうすればよいのか。「人生100年時代」とはよく聞く言葉だが、日本人の平均寿命が、このまま伸び続けるはずはないという意見があることを受けとめてもらいたいと思っていた。

　最近、フードマイレージが注目されるようになってきた。それは、生産地からの距離に着目して、船やトラックなどで食料を輸送するとき、公害のもとになる排気ガスや二酸化炭素が排出されるので、環境のためになるべく輸送距離を短くしようというものである。輸入食品には安定供給だけでなく、ポストハーベストや遺伝子組み換え食品など、安全性の問題がつきまとう。

〈多国籍食材と和食〉

　2013年「和食：日本人の伝統的な食文化」がユネスコ無形文化遺産に登録されたが、日本政府が提出した登録申請書には、以下のように記されている。

（1） 多様で新鮮な食材とその持ち味の尊重	
（2） 健康的な食生活を支える栄養バランス	
（3） 自然の美しさや季節の移ろいの表現	
（4） 正月などの年中行事との密接な関わり	（農林水産省 HP より）

　新鮮な食材や健康的な食生活、自然や季節の移ろいなどを、日本は本当に大事にしてきただろうか。輸入食材にささえられている和食を和食といっていいのだろうか。

　一方で、日本の食糧基地ともいえる北海道や東北は、農業の衰退と歩調をあわせるように、原発や基地などの矛盾をかかえるようになっている。このままでは、主食である米でさえも輸入だのみの国になってしまう。

　「2020 農林業センサス結果の概要（概数値）」（農林水産省 HP）によれば、2020 年の農業従事者数（主に自営農業に従事している人）は 136.1 万人、減少の一途をたどっている。65 歳以上が 69.8％と高齢化が進んでいること、はじめは反対していた自由民主党も、環太平洋パートナーシップ（TPP）を推進する立場にかわったことなど、食糧自給率が向上する要素はなかなか見あたらない。

　農林水産省の HP で確認すると、都道府県別で食料自給率（2018 年度概算値）が低いのは、東京、大阪 1％、神奈川 2％である。関東でいえば埼玉 10％、千葉 26％、茨城 70％、栃木 73％、群馬 33％で、とても関東だけで大都会東京をささえられそうもない。しかしそれにしても食料自給率が 1％、2％というのは、都市の成り立ちとしてもいびつではないだろうか。自然災害が関東を襲ったとして、流通がストップすれば東京は干上がってしまうのではないだろうか。

◆「授業アンケート」（①〜③）

　年度末には「授業アンケート」を恒例としてきた。今はどこの学校でもアンケートを実施することになっているが、当時はあくまでも自主的な取

●食料問題を考えよう●

【食材ごとの数値】

米　97%	小麦　12%	いも類　73%	大豆　6%
野菜　77%	りんご　60%	牛肉　36%	豚肉　48%
鶏肉　64%	牛乳・乳製品　59%		魚介類　55%

（農林水産省大臣官房政策課・食料安全保障室『食料需給表　平成30年度』より）

　　上の数値は、食材ごとの日本の〔①　　〕率である。世界には食べ物がなくて苦しんでいる人びとが、〔②　　〕人以上（2018年国連発表）いるといわれている。日本は、戦時中の飢餓と、食べ物に不自由しない〔③　　〕の両方を経験しているが、一方で相対的貧困率15.7%、子どもの貧困率13.9%（2019年 国民生活基礎調査）と、子どもの7人に1人が貧困状態にあり、子ども食堂などの取り組みも広がってきている。ここでは日本人の食生活について考えてみたい。

【〔①　　〕率（カロリーベース）のうつりかわり】

1965年度　73%	1975年度　54%	1985年度　53%
1995年度　43%	2010年度　39%	2019年度　〔④　　〕%

（同上『食料需給表　平成30年度』より）

　　日本の〔①　　〕率（2019年）はカロリーベースで〔④　　〕%である。日本政府は、「食料・農業・農村基本計画」を定め、2020年度までに50%に向上させるという目標をたてていたが、ここ10年以上、ほぼ横ばいで推移している。もし環太平洋パートナーシップ協定（TPP）を強行するとすれば、さらに低下することになる。農林水産省の試算では13%である。つまり私たちの食生活は、その半分以上を輸入食品にたよっていることになる。

Q1. 遠くから食品を運ぶことでいいこと悪いことは何ですか。

Q2. 食料自給率が低いとどういう問題がおきると考えられますか。

「食料問題を考えよう」解答

①食料自給　②8億　③飽食　④38　Q1、Q2は省略

り組みだった。手元に農業高校生 109 人が書いてくれた「（世界史）授業アンケート」が残っているので、これをもとに考えてみたい。

　「授業アンケート」は、批判的な意見もでてくるので、教員にとってはあまりやりたくないことのひとつだと思う。しかし、授業改善をしようとするのであれば、避けて通ることのできない関門である。

　結果的に、批判的意見は必ずしも多くなかったが、いざ批判するとなると、匿名であっても書きにくいのではないかと思う。ひとつの批判の背後には、その何倍かの批判が隠れているはずである。

　質問項目は、以下の 7 項目。①声の大きさ、②説明の仕方、③板書の仕方、④生徒に対する注意の仕方や接し方、⑤授業内容や進め方が関心・理解にあっているか、⑥授業内容がためになるか、⑦先生の熱意について、最高を 5、最低を 1 とする 5 段階で評価し、⑧に感想、意見を自由に書いてもらった。

　①声の大きさは、どんなにいい説明をしても声が届かなければ話にならない。いちばん後ろに座っている生徒の表情から、声が届いているかどうかを確認する。それ以前に、まず席に着く、静かにするということが必要なクラスもある。②説明の仕方について、私自身、しゃべりのスピードがなかなか改善できずに、気になっていた。ゆっくり丁寧に話そうと思っても、いつの間にか早くなってしまう傾向があるので、大事なことはくり返すようにしてきた。①と同じく生徒の表情をよく読む必要がある。

　③は板書についての質問だが、黒板を 2 等分しようが 3 等分しようが、いったん書いたものを消してまた書くのは多すぎるし、残しておけば授業の最後に復習することができる。要点を上手くまとめる必要がある。学力的に厳しいクラスであれば、自分の名前以外の漢字をほとんど知らない生徒もいる。すべての漢字に振り仮名が必要である。また、このころから「授業プリント」を使うようになっていたので、板書はかなり減っていたと思う。

　ノートは必ずしもきれいに書く必要はないこと、書く以上に聞くことが重要なので、説明のなかでポイントだと思ったことはメモすること、疑問

授業アンケート

　授業アンケートに協力してください。①〜⑦について、それぞれの項目を五段階で評価し、該当する枠をチェックしてください。⑧は感想、意見を自由に書いてください。

項　　目	1	2	3	4	5
① 声の大きさ					
② 説明の仕方					
③ 板書の仕方					
④ 生徒に対する注意の仕方や接し方					
⑤ 授業内容や進め方が関心・理解にあっているか					
⑥ 授業内容がためになるか					
⑦ 先生の熱意					
⑧ 自由に感想、意見を書いてください。					

項　　目	1	2	3	4	5	不明
① 声の大きさ	1	3	18	52	35	0
② 説明の仕方	0	4	12	40	53	0
③ 板書の仕方	0	4	29	51	25	0
④ 生徒に対する注意の仕方や接し方	3	4	36	38	28	0
⑤ 授業内容や進め方が関心・理解にあっているか	0	3	26	35	45	0
⑥ 授業内容がためになるか	2	3	29	37	38	0
⑦ 先生の熱意	3	6	25	31	43	1

に感じたことは書きこんだうえで、先生に聞くなり、自分で調べることなど、タイミングをみて生徒に伝えてきた。

　生徒は、教師が黒板に書いたことは重要だと思っているが、高校の授業ではともかく、大学の先生がそういう授業の進め方をするとは限らない。重要なことを黒板に書かずに、しゃべりで終わっているかもしれない。とくに進学組に対して、自分の頭で判断し、それぞれちがうノートをつくることを心がけるようにアドバイスした。生徒のノートを集め、きれいに書けているかどうかを判断基準のひとつとして点数化し、成績に反映する先生もいたが、自分がわかればいいと思う。

　もうひとつ、生徒がノートをとっているとき、どのタイミングで説明をはじめるかについては、意見がわかれるかもしれないが、できるだけ全員が鉛筆を置くまで待つことにした。「世界史」や「日本史」の授業で、「授業プリント」を導入したあとはそういう場面が減ったと思うが、おそらく生徒によっては授業のテンポが遅いと感じていたと思う。

◆「授業アンケート」（④〜⑧）

　④注意の仕方や接し方もかんたんではない。授業妨害をしてしまうような生徒への対応をまちがうと、まじめな生徒からも不満がでてくることが考えられる。へたをすると「お前は寝てろ」と居眠りを奨励するかのようなケースもおきてしまう。

　いずれにしても、すでに学校に絶望している高校生を、もう一度授業に向かわせるのは至難のわざであって、私自身、荒れが進行し学力的に厳しいクラスに対して、どの程度のことができたかと考えれば、実は自信がない。

　⑤、⑥授業内容や進め方は、自由記述を読んでもらいたい。評価してくれている人が多いということは、やさしい生徒が多いということだと思う。⑦先生の熱意は必要なことではあるが、どう伝えるのかということと、思い入れを持ちすぎず冷静に進めることも重要だと思う。教員には大事にしたい教材やテーマがあっても、必ずしもそれが生徒に通ずるとは限らない。

いずれにしても高校生は、どういう言動が喜ばれるのかをよく知っている。少なくとも小学生のころから、教員にあわせることで学校のなかで生きてきたからである。その点ではアンケートなども多少割り引いて考える必要がある。また、感想、意見を書かせても、それが本音なのかどうかをよく考えないと判断を間違うこともある。

授業アンケート（自由記述）

1. 自分はあたまがわるいからぜんぜんわかりません。でも先生の熱意はかんじていました。

2. 歴史に興味わいたよ。世界史だからカタナカの人の名前とか覚えづらかったけど。NHK とか見るようになったし。

3. 先生にめいわくをたくさんかけたと思う。

4. とにかく話が長くてあきてくる。

5. 世界史の授業をたった一年しか受けられなかったことを心から残念に思います。

6. 人間はやはり戦争によってでしか発展しないのだろうか？

7. 楽しかったです。クイズがとくに。まったく知らなかったこともありました。答え合わせのとき、予想してなかった信じられないことが正解だったり、有名な人の名前や場所がわからず己の無知を思い知ったりといろいろです。

8. けっきょく卒業するまで世界史の授業の内容がまったくわからなかった。

9. テストの内容は、むずかしかったです。特に最後の作文が……。いつもがんばって書いているけど、満点がとれなくて悔しかった。

10. ほかの人たちがおしゃべりしていたらもっとはっきり注意してほしい。でないと後ろまで声が聞こえない時もある。

11. うちのクラスはうるさいけど、世界史の授業では結構みんな発言していたと思う。テストで語群とかがもっといっぱいほしかったです。

12. 一年間世界史の勉強をしてみて思ったことは、中学校の時より好きになったなぁということです。

13. これからの人間が教訓にしていかなければならない内容がたくさんあったたと思う。

---

14. 自分は戦争の事について先生と熱く語り合いました。有意義な世界史の時間を過ごす事ができて楽しかったです。

15. 先生の世界史の授業はためになっておもしろかったし、いろいろな事を覚えることができました。もう少し、ビデオの授業があったら……と思ったけど、全体的に良かったと思いました。ありがとうございました。

16. 先生の授業は、ギャグとかも入ってて、おもしろかったし、とても分かりやすかったです。できれば、もっとビデオとかをいっぱい見たかったなぁと思っています。

17. 先生はなんでもよくしっていてすごいと思います。なんの質問でも必ず答えが返ってくるのですごいと思います。一番楽しかったのがビンゴだと思います。あれは最高におもしろかったです。あと、先生がいろんな帽子をもってきて、中国の帽子をかぶった時も楽しかったデス。

18. 今年一年世界史の授業を受けてきて、先生の説明がわかりやすくて、知らなかったことを教えてもらうことができて、楽しい授業を受けることができて、とてもよい一年間授業を受けることができました。

19. 今まで授業でやってきたことは凄くためになり、ニュースで流れてることや、政府の方針を疑ったりすることが大事だということを知れて良かったです。また主に戦争などの状況や将来の自分に必要になると思うので、世界史を勉強できてよかったです。

20. 全部がプリント学習だったのでやりやすかったが、ココが重要！というところがイマイチ分からなかった。重要なところがないならいいけど。教科書以外の物を使って勉強するところが良かった。

21. 世界史は3年生の時、1年間しかやってないけどとてもたのしい授業でした。先生はおもしろいし、たまに私たちがうるさくて怒る事もあったけど、それもまたいい思い出です。まぁとにかく1年間お世話になりました。先生のそのイカしたキャラ忘れないよ。

22. 世界史はまぁ中学校の社会のえんちょう版で国民みんなが歴史など知らないことを学べて、とても遠いようで身近なことがいっぱいあると思います。戦争についてでも、若い人たちがしんみになって考えられるようになったのは世界史など社会の教科があるからだと思います。とても勉強になりました。

23. 3年生になって1年間世界史の勉強をしてみて思ったことは、中学校の時より好きになったなぁという事です。中学校の時は僕は社会系が全くにがてだったのでこれはすごい事だと思います。

第 3 章：広島修学旅行編

教え子を戦場に

◆「1945年8月15日8時15分」

　ここから、2章にわたって特別活動の報告をする。第3章は、N高校で実践した被爆地広島への修学旅行である。新採用の年1989年、私は副担任として修学旅行の引率団に加わった。このときが個人的にもはじめての広島訪問だった。結局都合4回、広島に引率したことになる。

　事前学習、現地での取り組み、事後学習と順番に説明していきたい。修学旅行は、特別活動の学校行事にあたるが、教科指導、生活指導にまたがる取り組みであり、総合的に報告することにする。

　まず、事前学習としては、私が担当する「世界史」の授業を中心に、LHRを活用した映像資料の視聴、青森県内在住の被爆者の証言を聞く取り組みなどを行った。他の先生にも、学年会議にはかって協力を依頼していた。

　1枚目のプリント「1945年8月6日午前8時15分」は、広島に原子爆弾（原爆）が投下された年月日と時刻であり、人類が自分たちを滅ぼしかねない兵器を手に入れ、しかもそれを実際に使用した瞬間だった。なお、「授業プリント」は、第2章同様、史資料を一部カットするなど、簡略化したものを載せている。

● 1945 年 8 月 6 日午前 8 時 15 分 ●

【アインシュタインの手紙】

　1939（昭和 14）年 8 月 2 日、アインシュタインは〔①　　　　〕大統領に手紙を書いた。〔②　　　　〕よりはやく原子爆弾（原爆）を開発するように訴える手紙だった。

　1942 年夏、米英は共同で原爆製造計画をスタートさせた（〔③　　　　〕計画）。原爆製造工場は、ニューメキシコ州ロスアラモスの人里はなれたところにあり、鉄条網がはりめぐらされるなど厳重な警戒のもとにおかれ、郵便物も検閲の対象とされた。54 万人が働き、20 億ドルがつかわれた。しかしこのプロジェクトは、大統領をはじめとする一部の人しか知らなかった。

【新大統領】

　1945 年 4 月 12 日、〔①　　　　〕大統領の死で、副大統領〔④　　　　〕が大統領に昇格した。彼は陸軍長官スチムソンから、はじめて原爆について知らされた。さっそくスチムソンを委員長とする暫定委員会をつくり、委員会は以下のことを大統領に勧告した。

> 1. 日本に対して早期に原爆を使用する。
> 2. 民間の建物にとりまかれている軍事工場に対して使用する。
> 3. 爆弾の性質について、事前警告することなく使用する。

　さらに目標検討委員会が開催され、〔⑤　　　　〕・〔⑥　　　　〕・小倉・新潟の 4 都市が投下候補地となった。後に〔⑤　　　　〕にかわって、〔⑦　　　　〕を新しくリストアップした。

【アジア太平洋戦争】

　当時の日本は、米英などを相手に、〔⑧　　　　〕戦争を戦っていた。1941 年のマレーシアのコタバル上陸と、続くハワイの〔⑨　　　　〕湾攻撃から約半年間、各地の米英軍を打ち破り、東南アジア全域を占領した。

　しかし、1942 年夏以降、アメリカ合衆国軍を主とする連合軍の反抗に、敗退を続けていた。1945 年 3 月 10 日〔⑩　　　　〕大空襲、4 月 1 日米軍の〔⑪　　　　〕本島上陸と、敗色濃厚だった。

【科学者たちの良心】

　科学者たちは、日本への原爆投下に反対することや、核兵器の国際管理について呼びかけたが却下された。さらに反対の意見書や嘆願書を8月まで出し続けた。しかし、すでに原爆は科学者の手をはなれ、政治家の手に移っていたのである。

【あかんぼうは満足に生まれた】

　1945年7月16日早朝、ニューメキシコ州アラモゴードの砂漠で、プルトニウム爆弾の実験が行われた。発表は、アラモゴード航空基地で弾薬庫が爆発したというものだった。そしてこの事実は、〔⑫　　　　　〕会談に出席予定の〔④　　　　　〕大統領に告げられ、25日投下指令が発令された。

【原爆投下】

　8月6日午前8時15分、西太平洋テニアン島を離陸したB29爆撃機〔⑬　　　　　　〕号は、〔⑥　　　　　〕にウラニウム型原子爆弾リトルボーイを投下した。9日には〔⑦　　　　　〕にプルトニウム型爆弾ファットマンを投下した。数年のうちに〔⑥　　　　　〕で約20万人、〔⑦　　　　　〕で約14万人が死亡した。

【黒い雨】

　〔⑥　　　　　〕の上空約580mで爆発した原子爆弾は、直径280m、中心部数10万度の火球をつくり、約3,000〜4,000度の熱で、爆心地から500m以内が焼きつくされた。1,800m地点でも、熱線によって自然発火する状態だった。爆風がおこり、爆心地に近いT字型のコンクリート橋である相生橋は1mほど上昇し、30cm前後移動した。暗くなった空には、ドラム缶や鉄板、行李や人間が舞い上がった。

　9時ごろから夕方にかけてあちこちで断続的な雨が降った。大粒の〔⑭　　　　　〕雨だった。その雨は空気中の〔⑮　　　　　〕線をすいこんでいた。〔⑥　　　　　〕の死者は50%をこえていた。

　8月6日付朝日新聞は、「人道を無視する惨虐な新爆弾」の使用であるとして、「かくのごとき非人道なる残忍性を敢てした敵は最早再び正義人道を口にするを得ない筈である」と報じた。

「1945年8月15日午前8時15分」解答

①F・ローズベルト　②ナチスドイツ　③マンハッタン　④トルーマン
⑤京都　⑥広島　⑦長崎　⑧アジア太平洋　⑨真珠　⑩東京　⑪沖縄
⑫ポツダム　⑬エノラ・ゲイ　⑭黒い雨　⑮放射

◆『はだしのゲン』と高校生

1回目の授業なので、イメージをつかみやすいように写真パネルを活用したのだが、原爆の威力は生徒の想像をこえるものだったようだ。私はこれまで、原爆についての高校生の認識を、『はだしのゲン』ではかってきた。それはおおよそ3段階ある。

第1段階は、私が意識して平和教育に取り組むようになった採用4年目、1990年代の前半だった。当時、『はだしのゲン』を読んだことがないという生徒は、教室にほぼいなかったと思う。『はだしのゲン』が『週刊少年ジャンプ』に連載されていた、そういう時代の影響がまだあったのかもしれない。

次は2000年代前半、最初の転勤直後だった。そのころになると、読んだことがあるという生徒は、クラスの3分の1位にまで減っていた。さらにG高校に勤務した2010年ころになると、クラスに2、3人しかいなくなってしまった。

元ほるぷのNさんによると、小中学校の図書室にある『はだしのゲン』は、いろんな生徒が読むうちにぼろぼろになってしまう。当然処分することになるが、以前であれば、また新しい『はだしのゲン』を購入したものが、今はそういう展開をしないという。必然的に読む機会が激減することにつながっているようだ。毎年8月になると、テレビ局は戦争の特番を組むが、ほとんどの生徒は見ないので、結局、原爆のことは何となくしか知らないということになる。

「授業プリント」には、必要な知識をおさえながら、考えてほしいポイントをいれた。たとえば、アインシュタインの手紙からはじめたのは、科学が軍事に貢献した歴史を知ってほしいからだし、また当初、候補地にあげられていた京都が途中ではずされたことから、冷戦下だけでなく、現在もふくめた日米関係について考えてほしいと思っていた。

◆「被爆者」「その後の被爆者」「原爆はなぜ投下されたか」

　2時間目「被爆者」、3時間目「その後の被爆者」は、被爆者の証言と被爆者に関する戦後補償問題について取りあげた。このころからLHRも活用しながら、「予言」「にんげんをかえせ」「夏服の少女たち」など、ビデオの視聴もはじまっていた。空爆という言葉があらわすような、爆弾を落とす側、攻撃する側ではなく、その下で何がおきたのか、そして、被爆者の苦しみはどういうものだったのかを知ってほしいと考えていた。

　4時間目「原爆はなぜ投下されたか」も、重要なテーマだと思う。原爆の受けとめ方は国によってまったくちがう。私自身、シンガポールのある博物館で、キノコ雲の写真の横に「Japanese　Surrender」、さらに「広島とそれに続く長崎の原子爆弾投下の壊滅的打撃によって、間もなく日本軍は降伏を余儀なくされました」と、日本語の説明がついているのを目撃して、衝撃を受けたことを覚えている。

　日本の侵略を受けた国の人々にとっては、原爆によって日本の支配が終わったという認識であり、これは、シンガポール以外のアジアの国にもあるだろうと思う。また、広島は被害だけではない。かつて第五師団が置かれた加害の町でもあった。私はそこまで引率したことはないが、広島平和記念公園から少し歩くと歩兵第十一連隊の跡があり、被害、加害両方をフィールドワークすることができる。

　もうひとつ重要なのは、原爆投下を正当化するアメリカ合衆国側の主張を検討することである。アジア太平洋戦争を終結させるために、原爆はやむを得ないものだったのか、他に方法はなかったのか。さまざまな視点からできるだけ客観的に、史資料を示しながら討論を組織する必要があった。ただこの点に関しては、十分な取り組みにはならなかったかもしれない。

●被爆者●

【被爆者】

　被爆者たちは多量の〔①　　　　　〕線をあびていた。早い人は数時間後、遅い人でも1週間くらいで症状があらわれはじめた。

　被爆者には、連合軍捕虜、留学生、強制連行された中国人、韓国人、救護のために広島や長崎にかけつけた人たちもいる。厚生労働省によると、2020（令和2）年現在で、〔②　　　　　〕手帳をもっている人の数は13万6,682人、年々高齢化が進んでいる。

「青森県の被爆者」

　広島で救護活動していたときは身体の変調は無かったが、十月頃に髪の毛が抜けはじめはげてしまいそうでとても心配しましたが、その後回復しました。だいぶ後になってから原爆による影響での脱毛であると聞かされました。その後肋膜炎などやり、肉体労働は駄目だと医者に言われて農協に入りました。車力農協時代、被爆者が居て被爆者手帳の存在を知りました。結婚して子供が生れる時はとても心配でした。被爆体験は一度子供たちを対象に話したことはあります。以前は広島の惨状を思い出すと胸が詰まって話ができませんでした。

（中西昭治さん・金木町在住『青森県の被爆者』青森県原爆被害者の会）

皮膚数十カ所に、赤、紫、黒色の、小豆大から大豆大までの斑点が出はじめた。頭髪は指でつまんで引っ張れば、つまんだだけ何の痛みもなく抜けた。歯齦の肉は黒い出血に爛れて、二十九日頃には、顎骨へ白い歯がぶらさがっているかのようであった。

（藤井五平『天よりの大いなる声』日本図書センター　32頁）

　上の姉が私をものかげに呼んで、「今日はてる子がたいへんだったんだよ。洗面器にいっぱい血をはいて、そのうえ便は出るし、下にしいてやるボロ布もなく、ほんとうに困ってしまった。そばにいてやりたくとも、何ともいやなにおいがして、すわっていることができなくて」

（佐伯敏子『ヒロシマに歳はないんよ』ヒロシマ・ナガサキを考える会）

　その翌日、岡山から甥が心配して来てくれました。私らの無事を大変よろこんで、娘二人を連れて帰りました。娘たちがいなくなったら、悲しみは百倍になって、その夜、防空壕の中で主人と大喧嘩をはじめました。私が、あの子はあまり丈夫でないから田舎の高等小学校に入学させ、そのうちには状勢も変わるだろうからと思い、主人とも相談の上で、母と交渉を進め、いよいよ荷作りも済み、出立する段になってから、主人

が、可哀相だ、どうせ死ぬのなら親子一緒がいいよ、と申して反対しました。「それでこういうことになったんです、あなたが殺したも同然だ」と私は言い放ちました。主人は「何を言うか、運命だよ、運命じゃないか」と怒鳴りました。私は腹が立ってむしゃくしゃします。「その運命は誰が作った、あなたが作ったでしょう、こんな運命にあなたがしたんでしょうが」と言うて狂いかかりました。「宮様も亡くなられた。局長も亡くなられた。あの若い通信局長すら死なれたのだ。家の子供くらい物の数ではないぞ」と言いました。「局長が何人死んでもよい、家の子が死ななければいいんだ」と私は声をあげて泣きました。

　その夜ひんやりとしましたので、額に手をやりましたら、蛙が私の額に登っていました。私は、蛙のくせに生きていやがると思うて、暗がりに叩きつけてやりました。耳をすましたら、人の泣声が聞えます。月明かりに透して見たら、主人がいません。私はそーっと外へ出ました。見渡す限りの焼野原は凄いように寂しく、星は瞬いていました。子供の勉強部屋とおぼしき焼跡に跪いた主人は、何か言いごとをして泣いていました。多分亡きわが子に詫びているのでしょう。私は昼間の言い過ぎた言葉を心から後悔しました。泣いて気が休まるものなら存分泣くがいいと思うて、そーっと壕に入りました。そして泣きました。この悲しみは、自分たちだけの悲しみではない、幾万の人たちが、親を尋ね、子を探し、兄弟がちりぢりに、悲しい思いであの星空を仰いでいることだろうと思いました。

　前の夜、博久はどうしてあんなに星のことをいい出したのだろう。私の胸には、博久の一つ一つの言葉が、痛いほどの思いで迫ってきました。美しい星空は、前の夜とすこしも違っていないのに、地上は、一夜で変り果てた焼野原となっています。そこには辛うじて生命を保っている人の苦しみうめく声が充ちていました。戦争はやめてほしい、戦争はやめてほしい、戦争というものはこの地球上からなくしてほしいと子供が前夜語ったことを、追憶して見ました。あの言葉は、十四歳の少年の言葉ではない、神の言葉だと思いました。

　それから、きまって夜空を見上げるようになった私には、博久も、博久と一緒に死んでいった一中のお友達も、そしてあの日亡くなられた多くの広島の人々も、みんなその魂が天に昇り、星くずとなって、この地上に再びあのような惨禍が起きないようにと、夜毎、静かに私たちを見つめているように思われてきました。

（藤野としえ「星は見ている」『星は見ている　全滅した広島一中一年生父母の手記集』
日本図書センター　164-166頁）

　　　　　　　　　　　　　　　　　　　　　　　　　　　「被爆者」解答

　　　　　　　　　　　　　　　　　①放射　　②被爆者健康

●その後の被爆者●

【原爆医療法】

1957（昭和32）年、原水爆禁止運動のもりあがりや被爆者の運動によって、〔①　　　　　〕（原子爆弾被爆者の医療等に関する法律）法が制定され、約20万人に、〔②　　　　　〕手帳が交付された。原爆投下から12年たっていた。以下の条件を満たした人は、年に2回の健康診断、医療機関での治療を無料で受けられるようになった。

> 原爆医療法が規定する被爆者
> 一号・直接被爆　原爆投下のとき、広島・長崎の一定の地域にいた人
> 二号・入市被爆　原爆投下から2週間以内に爆心から2km以内に入った人
> 三号・救援被爆　被爆者の介護や死体処理をした人
> 四号・胎内被爆　一〜三号に該当する人の胎内にいた人

【原爆医療法の問題点】

〔①　　　　　〕法では、対象地域の周辺の人たちには手帳を交付せず、健康診断は無料だが、治療費は支払わないとしていた。しかし、この地域にも〔③　　　　　〕雨が降っていたのである。

【原爆特別措置法と問題点】

1968年、〔④　　　　　〕措置法（原子爆弾被爆者に対する特別措置に関する法律）が制定され、特別手当、健康管理手当、介護手当などの支給が決まった。しかし所得制限などもあり、決して十分なものとはいえなかった。

【被爆者援護法】

1994（平成6）年、〔⑤　　　　　　〕（原子爆弾被爆者に対する援護に関する法律）法が成立した。被爆者に対する保健、医療など、総合的な対策を行うとし、所得制限も撤廃した。これまで支払われていなかった原爆死没者の遺族で、自らも被爆した人に対する特別葬祭給付金の支給、原爆死没者の追悼事業なども規定した。

これによって被爆者援護は以前よりも充実したが、外国に在住する被爆者には適用されず、被爆者団体などが求める〔⑥　　　　　〕補償明記の要求は実現しなかった。結局、被爆者が求める内容からはほど遠いとされた。

「その後の被爆者」解答

①原爆医療　　②被爆者健康　　③黒い　　④原爆特別　　⑤被爆者援護　　⑥国家

●原爆はなぜ投下されたか●

【原爆切手】

　1994（平成6）年の夏、原爆によるきのこ雲をデザインした切手が、アメリカ合衆国で発表された。「第二次世界大戦50周年」の記念切手として企画されたものだった。しかし日本政府の抗議を受けて、〔①　　　　〕大統領は発行中止にした。この切手には、「Atomic bombs hasten the end of war」と書かれているが、本当にそうなのだろうか。

【スミソニアン原爆展】

　1995年5月、首都〔②　　　　〕にある〔③　　　　〕航空宇宙博物館が、原爆展を開催することになった。しかし、退役軍人団体などの圧力によって、計画を大幅に縮小、原爆の惨状を伝える遺品などについては展示しないことになった。

　しかし一方で、原爆の真実を伝える原爆展が首都〔②　　　　〕の〔④　　　　〕大学で開かれた。

広島に原爆が落とされた時、私自身は十二歳でした。その時に、原爆に対して私の家族がどんな反応を示したかをよく憶えています。大変な興奮状態でした。原爆の投下をラジオで聴いて、家族は、大変な技術の進歩だ、三日間で長い間の戦争に終止符をうってくれた、と話していました。長い間のマレーシアの苦しみがこれで終わって、戦争から解放されたという興奮がマレーシアの村々を駆け巡ったのです。しかし原子爆弾のもつ意味については、誰も気がつきませんでした。

（イスマイル・フセイン「作家の役割」　伊藤成彦ほか『反核と第三世界　文学者は訴える』岩波書店）

アメリカ自身、この段階でソ連に対してジレンマに立っていたと言えよう。原爆ができ、それが効果的に使えれば、ソ連軍は不用である。原爆が間に合わなければ、一一月一日の本土上陸作戦で米軍の損害を少なくするために、ソ連の参戦が必要である。（中略）いずれにしても一年足らずで終わると考えられた対日戦以後の世界、あるいは現に生じているドイツ降伏後のヨーロッパでもソ連を相手にしてどのように有利にはこぶかということが一大問題であった。　（伊東壮『1945年8月6日』岩波書店）

【原爆投下についての証言】

トルーマン大統領
　「我々は、戦争の苦痛の期間を短くするために、若いアメリカ人の多数の生命を救うために、それを使用したのです」
スチムソン陸軍長官
　「対日上陸作戦を実行すれば、アメリカ軍の死傷は100万以上になるかもしれないことが予測された」
マッカーサー元帥
　「この作戦は、人命の点でも、労苦の点でも、もっとも経済的な作戦だと思われる」
キング海軍作戦部長
　「米軍の損害はルソンの3万1千より多く、沖縄の4万1千7百より少ないだろう」
米海軍の負傷兵後送計画
　「上陸後1か月間に予想される戦傷者を3万と見積もって、フィリピンとマリアナ、沖縄に、ベッド数5万4千の野戦病院が準備された」
ウィリアム・リーイ海軍提督
　「（沖縄作戦の損害率35％をもちだして）九州上陸兵力19万中6万5千の死傷者を出す」

Q1.　原爆がなぜ投下されたのか考えてみよう。

Q2.　次の兵器は、国際法に違反していると思いますか。どちらかに○をつけてください。
　　　　毒ガス　　〔　はい　・　いいえ　〕
　　　　核兵器　　〔　はい　・　いいえ　〕

Q3.　核兵器保有国をすべてあげてください。

「原爆はなぜ投下されたか」解答
①クリントン　　②ワシントンD．C．　　③スミソニアン　　④アメリカン
Q1.（例）アメリカ合衆国は核の脅威によって世界を支配しようとした。
Q2.　毒ガス：はい　　核兵器：はい　　　Q3.　省略

◆「ゴジラ」

　第2章で、「1人原爆展」をやっている老人のことを紹介したが、アメリカ合衆国では、原爆のことが必ずしも十分に知られているとはいえないようだ。だからこそ「1人原爆展」は貴重な取り組みだし、勇気ある行動だと思う。

　一方で、日本人は原爆のことを知っているだろうか、加害の事実はどうだろうか。小学校や中学校の図書室に、『はだしのゲン』があるかどうかでちがっていると考えられることからも、やはり学校の果たす役割が大きいのではないだろうか。事前学習では、今の高校生も知っていると思われる古くて新しいキャラクター、ゴジラを素材のひとつに実践してみた。はじめにヒントを出しつつ、CD「ゴジラメインタイトル」をかけ、丸めたポスターを少しずつ見せていくと、「ゴジラ！」の声があがる。

　1954年公開の「ゴジラ」は、核兵器廃絶などの社会的メッセージをもった作品だが、最初から情報を与えすぎないように、プリントにはくわしく書かなかった。ゴジラはその後も誕生をくりかえし、私たちに警告を与えてくれている。

　Q2、核兵器について大きな出来事があった。2021年1月22日、核兵器禁止条約が発効し、「いいえ」から「はい」に答えがかわったのである。署名も批准もしない日本政府の態度は、核保有国をのぞけば、国際的に孤立しつつあるのではないだろうか。

　5時間目には、その後の核兵器について、現在地球上に存在する核兵器の数、核実験について、当時の最新情報を伝えながら行った。核兵器は過去の問題ではなく、現在進行形の問題だという確認ができた。なお、情報が古くなったこともあり、このプリントについては省略する。

● ゴジラ ●

【死の灰】

　1954（昭和29）年3月1日の明け方、南太平洋マーシャル諸島〔①
　　　〕環礁から東に約160kmのところで静岡県〔②　　　〕の漁船〔③
　　　〕丸が漁をしていた。水平線が突然輝き、やがて大きな爆音がした。
しばらくすると白い灰がふりはじめた。

　23名の乗組員全員が、翌日から頭痛や吐き気を訴え、下痢や食欲不振に
おちいった。白い灰のついた皮膚が赤黒くなり、水ぶくれができた。それは
やがて黒くかわっていった。〔②　　　〕に着くなり病院に入院した乗組
員は、〔④　　　〕症と診断された。禁止区域の外で操業していたにもか
かわらず、アメリカ合衆国が行った水爆実験の死の灰を浴びたのである。

　1949年には、〔⑤　　　〕も原爆を完成していた。米ソ両国は、きそっ
て核兵器の開発を続け、実験をくり返し行っていた。日本各地から多くの漁
船が出漁していたため、1954（昭和29）年末までに856隻が被害を受けた。
広島、長崎に続く三たびの核被害だった。

【ゴジラ誕生】

　この事件をきっかけに制作された怪獣映画が「〔⑥　　　〕」である。〔①
　　　〕環礁近くに眠る巨大生物が、水爆実験の影響で復活し、東京を襲
うというストーリーだった。映画は大ヒットを記録した。

【原爆マグロと杉並アピール】

　汚染魚は「原爆マグロ」とよばれ、廃棄されたが、すし屋、魚屋には誰も
寄りつかなくなった。魚の汚染は漁業関係者にとっても日本人にとっても深
刻な問題だった。日本中が騒然となり、〔②　　　〕市議会が「原子兵器
禁止の決議」を行い、やがて日本中の自治体にひろがった。国会も1954年
4月、「原子力国際管理並びに原子兵器禁止決議」を成立させた。

　水爆禁止の署名運動が、東京都杉並区の魚屋さんからはじまった。同年5
月、学習会で水爆の恐ろしさを知った杉並区の主婦たちを中心に、「杉並ア
ピール」を発表した。ここから署名運動に取り組むことになった。

> 杉並アピール
> ・水爆禁止のために全国民が署名しましょう。
> ・世界各国の政府と国民に訴えましょう。
> ・人類の生命と幸福をまもりましょう。

【私を最後にしてほしい】

　1954年9月23日、〔③　　　　　〕丸無線長の〔⑦　　　　　　〕さんが、「原水爆の犠牲者は、私を最後にしてほしい」と言い残して亡くなると、運動は全国に広がり、原水爆禁止署名運動に発展、署名は3,000万筆をこえて集まった。

【両政府の対応】

　米政府は、日本人漁夫は水爆スパイのために危険区域にいた疑いがあると主張し、「死の灰」の成分についても答えようとしなかった。日本政府も水爆実験への協力は当然とした。1955年1月、突如として米側が見舞金200万ドルを日本側に支払うことになった。日米両政府が、ほとんど被爆の実態がわからないままではかった政治決着であり、今後判明した被害は、いっさい補償しないという内容だった。

【科学者の責任と核抑止論】

　責任を感じた科学者たちがカナダに集まり、国際会議を開催した。日本からは湯川秀樹、朝永振一郎などが参加し、活発な議論が行われた（〔⑧　　　　　〕会議）。「科学者の世界的責任」「核兵器の管理」「原子力の利用と危機」がテーマだった。会議は以後も継続して開催され、1995（平成7）年、ノーベル平和賞を受賞した。

　1962年の〔⑨　　　　　〕危機では、米ソ核戦争の危機に直面した。両国は急速に接近し雪解けムードが生まれた。

　核兵器の拡張競争がおこる背景には、お互いに対する根強い不信感がある。それは、核兵器をもっていれば、反撃されたときの被害を恐れて、相手が核攻撃してこなくなるはずだという「〔⑩　　　　　〕論」の考え方によくあらわれている。

【原水爆禁止世界大会】

　1955年6月女性解放運動家〔⑪　　　　　〕などのよびかけで第1回日本〔⑫　　　　　〕大会が開かれ、全国から2,000人の母親たちが参加した。7月、世界〔⑫　　　　　〕大会がスイスのローザンヌで開かれ、68か国、参加者1,060人が「原子戦争の危険から子どもの生命を守る」と決議した。

　〔⑬　　　　　〕首相は原水爆禁止に協力を約束せざるをえなかった。そして同年8月、11か国50人の国外からの参加者をふくむ約5,000人が参加して、第1回〔⑭　　　　　〕世界大会が広島で開かれた。原水爆禁止を求める署名は、日本で3,238万、世界で6億7,000万が集まった。

「ゴジラ」解答

①ビキニ　②焼津　③第五福龍　④原爆　⑤ソ連　⑥ゴジラ　⑦久保山愛吉　⑧パグウォッシュ
⑨キューバ　⑩核抑止　⑪平塚らいてう（雷鳥）　⑫母親　⑬鳩山一郎　⑭原水爆禁止

◆ 実はわかっていなかった

　事前学習の段階で、生徒の書いてもらった短い感想がある。数は少ないが以下に紹介したい。

　「知っていたつもりだったが、実はわかっていなかったことに気づいた」「私たちはもっと学んでいかなければならない」という感想から判断して、生徒に学習の動機が生まれていた可能性がある。それだけでも事前学習は成功といえるのではないだろうか。

　ただ、後半の感想が気になる。原爆を授業でとりあげるとすれば、写真パネルにしてもビデオにしても、教材の候補はどれを使えばいいのか迷うほどたくさんあるが、映像資料は正視するのがつらくなるものもある。それでも事実を知るためには目に焼きつけなければならないと思うが、一方で「気持ち悪い」という感想もまれに出てきてしまう。これも実践を組み立てるうえで考えなくてはならないことだと思う。

1　知っていたつもりだったが、実はわかっていなかったことに気づいた。
2　平和はこの人たちの犠牲の上に成り立っている。
3　アメリカ合衆国は何を考えているのか。
4　戦争を体験した世代がいなくなるので、私たちはもっと学んでいかなければならない。
5　戦争では人は人でなくなると聞いたことがある。
6　日本は戦争をしないと言っていたのになぜ自衛隊があるのか疑問に思いました。
7　戦争は絶対しないという法律を日本人は忘れてはいけないと思う。
8　気持ち悪い。
9　その時代に生まれなくてよかった。
10　被爆者がかわいそう。

「その時代に生まれなくてよかった」という感想についてはすでに述べた。「被爆者がかわいそう」という感想も、出発点としてはいいかもしれないが、事前学習から修学旅行、事後学習を通じても同じ感想が出てくるとしたら考えなければならない。

実際に訪れた広島で、被爆者の証言を聞き、広島平和記念資料館を見学した生徒たちがどうかわったか、成長したかについては、被爆者への手紙にゆだねたい。生徒をゆさぶる努力はしたと思うが、もし何もかわっていないとしたら、私の力不足、努力不足というしかない。

◆ 修学旅行委員会の活動

取り組みのなかで、修学旅行委員会が結成されることになった。生徒たちを刺激したこともあったかもしれないが、何かしたいという気持ちになった生徒の自発性もあったと思う。修学旅行委員会は、集会委員会と通信委員会から構成されることになった。集会委員会は修学旅行当日の平和式典をはじめ、被爆者の証言を聞く際の進行を担当することになり、各HR、班から委員を出してもらった。

進行役はうまくこなす必要はないし、少しぐらいだったらもたもたしてもいい。教員側でシナリオを全部つくり、何回か練習すればスムーズに運営できるのは間違いない。しかし、それはやりたくなかった。できるだけ自分たちで考え、発言し、行動することに意味がある。
また、他のクラスだったが、以前、合唱コンクールで指揮者に決まった生徒が、当日ずる休みをするという残念なことがあった。学校に来て、とにかく責任を果たすということがぎりぎり大切なことである。

通信委員会は、修学旅行通信「おりづる」の発行を担当した。事前学習は教室の移動が多いので、そういった連絡や豆知識などをイラストつきで記事にしてくれた。結局「おりづる」は、第6号まで発行することができた。一方で、いつのまにか千羽鶴づくりが自主的にはじまっていた。千羽鶴はもうやめたほうがいいという意見もあるが、生徒たちにとっては、広島と

のつながりをつくろうとする取り組みとして自然発生的なものであり、たとえわずかであっても生徒たちの成長として評価したいと思う。

◆みんなで取り組んだ原爆展

　私が教員になる以前の出来事として、G高校（当時）のI先生から、以前勤務していたK高校の文化祭でおきた、ちょっとした事件の話を聞いたことがある。原爆展を企画し、写真パネルを展示したところ、何枚かのパネルをはずすように、校長から指示があったというのである。機転をきかせて、「ここに掲示するはずだった写真パネルは、校長先生の指示によりはずすことになりました」と張り紙をしたところ、次々に「どういう写真だったんですか？」と聞く人があらわれ、結局、はずした写真パネルをみせることになったという。

　これは、原爆展をよく思っていない管理職の指示を逆手にとった実践といえる。しかし、少なくとも私が新採用だったころには、こういった雰囲気はすでになく、妨害といえるようなことも聞いたことがなかった。しかし、積極的に平和教育をやろうというムードも、ゼロではないがほぼなかった。ただ、旅行業社まかせではあるが、修学旅行のコースに広島をいれて、生徒たちに原爆ドームや広島平和記念資料館をみせたいという意識は、広く浅くあったと思う。

　そうしたなかで、まったく予想していないことがあった。広島修学旅行の1カ月ほど前に行われた文化祭で、学年展示として実施した原爆展だった。同じ社会科の教員ではあっても、ほとんど無関心だった学年主任が、戦時中の広島市のジオラマを、生徒といっしょにつくってくれたのである。リトルボーイの実物大模型とあわせて、これはインパクトがあった。

　資料が手元に残っておらず、展示の内容を詳しく紹介することはできないが、過去の文化祭で、学年展示を見学した地元の人が「こったものしかでぎねのが」とつぶやいていたという話を聞いたことがある。

　原爆展に来てくれた地元の方たちの多くは、ゆっくり時間をかけて見学

してくれた。おじいちゃんが戦地から無事に帰ってきた経験を話してくれたおばあちゃん、被爆者のためにカンパしてくれた多くの人たち。その反応から判断して、ネガティブな地域の認識をのりこえる展示になったのではないだろうか。どの生徒の表情もやり遂げた満足感でいっぱいだった。

◆ しなやかにしたたかに

T高校（当時）の小川勉先生が、「ヒロシマ・ナガサキの修学旅行を手伝う会」の江口保先生を紹介してくれた。7月25日、北海道旅行に出かけるという先生と、青森駅の待合室でお会いして、被爆者の方たちを紹介してもらうことになり、当日の見学コースや集会についてもアドバイスしてもらった。

さっそく、証言をお願いする手紙を被爆者の方たちに出し、ひとりだけ都合がつかないという人をのぞいて、いずれも承諾してもらった。梶山雅子さん、佐伯敏子さん、山岡美智子さん、朱硯さん、植田規子さんである。植田さんをのぞいて下見の際にお会いし、事前学習の取り組みや広島修学旅行の目的のようなことを伝え、当時のこともお聞きすることができた。当日は5つの班にわかれて証言を聞くことになった。いい修学旅行になりそうな、手ごたえを感じることができた。

被爆者の方たちにお会いしていつも思うのは、しなやかでしたたかな人が多いということである。少なくとも近い将来に核兵器がなくなるということはなさそうだし、仮になくなるとしても、それは遠い遠い未来にむけた目標であると、為政者はいいたいようだ。もし私が被爆者だったら、やけになるかやる気をなくすかはわからないが、少なくても冷静でいられる自信がない。しなやかにしたたかに生きている人が多いと感じるし、その姿勢にいつも勇気づけられてきた。

広島下見日程

月　日	時　間	証　言　者	場　所
10月27日	10：00 13：00 15：30	梶山雅子さん 佐伯敏子さん 山岡美智子さん	第一県女碑 原爆供養塔 国際会議場ロビー
10月28日	10：00	朱硯さん 植田規子さん	国際会議場ロビー 都合で設定できず

青森県出身被爆者の証言を聞く会

10月30日	
23ＨＲ（音楽室） 　奈良義一さん 　13：30〜13：35　講師紹介 　13：35〜14：15　証言 　　　―10分休憩― 　中西昭次さん 　14：15〜14：20　講師紹介 　14：20〜15：00　証言	21、22ＨＲ（会議室） 　中西昭次さん 　13：30〜13：35　講師紹介 　13：35〜14：15　証言 　　　―10分休憩― 　奈良義一さん 　14：15〜14：20　講師紹介 　14：20〜15：00　証言

当日の日程

11月12日	8時10分 8時30分 10時10分 11時30分	旅館ニュー菊水出発 証言（〜10時　それぞれゆかりのある碑の前で） 広島平和記念資料館見学（〜11時10分） 平和式典（原爆供養塔前） 　1 開会宣言　　2 黙とう　　　3 江口保先生のお話 　4 平和宣言　　5 千羽鶴献納　6 閉会宣言

旅　程　表

目次	月日（曜）	行　　程	備考
1	11/11（月）	学校🚌JR盛岡駅🚄JR東京駅🚄JR広島駅🚌旅館	
2	11/12（火）	旅館🚌広島平和記念公園・広島平和記念資料館🚌JR広島駅🚄JR京都駅🚌旅館	
3	11/13（水）	旅館🚌金閣寺🚌竜安寺🚌清水寺🚌三十三間堂🚌二条城🚌平安神宮🚌旅館	
4	11/14（木）	京都市内自主見学	
5	11/15（金）	旅館🚌法隆寺🚌奈良公園・東大寺大仏殿🚌薬師寺🚌大和西大寺🚌近鉄奈良駅🚃近鉄京都駅🚶	
6	11/16（土）	🚶JR弘前駅🚌学校	

注：出発や到着の時刻は省略した。

◆青森県在住被爆者の証言

　10月31日、下見の直後だったが、事前学習の一環として、青森県在住の被爆者の方たちを学校にまねき、証言を聞くことができた。当時、県内におよそ100人の被爆者が存在したことは、私自身意外な思いがしたのを覚えている。おそらく生徒たちにとっても、そうだったのではないだろうか。3クラスをふたつにわけ、会議室と音楽室を会場に実施した。音楽室はK先生の好意でお借りすることができた。

　課題も残った。8月6日に広島で被爆し、その後も苦労を重ねてきた人、しかも身近な人の証言を聞くことは貴重なのだが、広島出身の人たちとは若干の違いがある。江口先生も話していたことだが、広島出身で被爆した人たちには、体調が悪く休みたいという子どもを、無理に学校に行かせたことで死なせてしまったというような、家族に対する思いを引きずりながら戦後を生きてきた人がたくさんいる。青森県内の被爆者には、証言が被爆体験に終始している傾向があった。青森に住む家族の思いと、家族への思いはあるはずなので、打ち合わせをていねいに行うなど、工夫が必要だったかもしれない。

◆ヒロシマとの出会い

　修学旅行の初日（11月11日）は、青森から広島までバスと新幹線を乗り継ぐため、この日は移動だけで終わった。はじめて新幹線に乗る生徒も少なくなかったので、これだけでも社会勉強になったと思う。

　夜、宿泊先の旅館で引率団会議を開いた。翌日は、それぞれ被爆者の方たちとゆかりのある碑の前で証言を聞くため、先生方も各班に張りついて移動してもらう。広島平和記念公園マップを使って、碑の位置を最終確認した。

　さいわいにも当日は快晴だった。証言してくれる人たちのために、班ご

とに買った青森土産を忘れないように注意した。ただ、朱硯さんだけが、他の班よりもはやい時間に証言がはじまることになっていたにもかかわらず、生徒たちがもたもたしてしまい、旅館を出るのが遅くなってしまった。朱硯さんには申し訳ないことをしてしまった。

　証言については、後で紹介する手紙を読んでもらいたいと思うが、あいさつはできたのか、土産はわたせたのか、お礼はいえたのか（津軽弁OK）、そもそも話をちゃんと聞けたのか、心配はつきなかった。後日、生徒たちの写真を見て、その真剣な表情にほっとした思いだった。

　その後、広島平和記念資料館に移動した。再集合の時間だけを決めての自由見学、「広島平和記念資料館見学プリント」を、班長経由で１枚ずつ配り、展示を見ながら空欄を埋めてもらった。

　最後に原爆供養塔前に集合し、平和式典を開催した。開会宣言から閉会宣言まで、集会委員会がよく役割を果たしてくれたと思う。生徒会長Ｎ君の平和宣言も堂々としたものだった。平和式典終了後、江口先生に青森土産をわたして感謝の言葉を述べ、バスに移動した。

　課題としては、音響の問題が残った。広い公園なので、声を張らないとどうしても音声が聞き取りにくい。これが学校であれば、せいぜいマイクの電池が切れていないかどうかを気にする程度でいいのだが、遠い広島の野外だからこその課題だと思う。なお、「広島平和記念資料館見学プリント」は、取り寄せた最新のパンフレットから、若干の修正、カットを行った。

●広島平和記念資料館見学プリント●

1. 1942（昭和17）年、アメリカ合衆国で〔①　　　〕計画という原爆を開発するプロジェクトがはじまった。3年後の7月16日、ニューメキシコ州アラモゴールドの砂漠で最初の原爆が爆発した。史上初の核実験であった。

2. 原爆投下目標の都市として、最終的に〔②　　　〕〔③　　　〕〔④　　　〕〔⑤　　　〕の4つがあげられていた。

3. 1945年8月〔⑥　　　〕日午前8時15分、米空軍機エノラ・ゲイ号が原爆を投下した。広島に落とされた原爆破壊力はTNT火薬に換算して約〔⑦　　　〕トンに当たる。

4. 核兵器がもたらす3つの被害は何か。　〔⑧　　　〕〔⑨　　　〕〔⑩　　　〕

5. 原爆が爆発したときの爆発点の温度は数百万度となり、空中に発生した火球は、0.2秒後には直径〔⑪　　　〕mの大きさになった。爆心地周辺の地表面温度は、〔⑫　　　〕〜〔⑬　　　〕度にもなり、爆心地から約1.2km以内で直射を受けた人は、皮膚が焼きつくされ、体の内部組織までも障害を受け、ほとんどが亡くなった。爆心地から約〔⑭　　　〕m以内の屋根瓦は、表面がぶつぶつと煮えたぎったように、泡状にふくれていた。

6. 爆発と同時に、熱によって空気が大きくふくらみ、強い爆風が吹き抜けていった。爆心地から約2kmの木造の建物は壊され、鉄筋コンクリートの建物も大きな被害を受けた。人々は吹き飛ばされ、倒れた建物の下敷きになったり、そのまま焼け死んだりした。

7. 原爆は、人体に危険な放射線を出した。爆発後1分以内に大量に降り注いだ放射線は〔⑮　　　〕放射線と呼ばれ、爆心地から約〔⑯　　　〕km以内で直接放射線を受けた人はほとんど死んだ。爆発後、長時間にわたって、〔⑰　　　〕放射線を地上に残した。このため、直接被爆しなかった人でも、救援・救護活動や、家族をさがして爆心地に近い場所に行った人は、放射線による障害を受けた。

8. 爆発によって巻き上げられた放射性物質をふくんだチリやススが〔⑱　　　〕雨となって降り、遠く離れていた地域にも放射線による障害がみられた。

9. 放射線による障害は、〔⑲　　　〕障害とよばれる発熱、吐き気、下痢、鼻や口からの出血、脱毛、全身のけだるさなどいろいろな形であらわれた。これらがおさまったあとにも、被爆の影響は続いた。これが〔⑳　　　〕障害とよばれるもので、ケロイド、〔㉑　　　〕血病などが見られた。

「原爆資料館見学プリント」解答

①マンハッタン　②広島　③小倉　④新潟　⑤長崎　⑥6　⑦1万6千

⑧熱線　⑨放射線　⑩爆風　⑪400　⑫3,000　⑬4,000　⑭600　⑮初期

⑯1　⑰残留　⑱黒い　⑲急性　⑳後　㉑白　　注：②〜⑤と⑧〜⑩は順不同。

◆ 聞いた者の責任

あなたは平和のために何ができますか

被爆者のためにカンパする	7
聞いた証言の内容を他の人に知らせる	18
けんかしない	2
千羽鶴を被爆者に送る	2
今のままでも平和だ	2
いじめをなくす	1
戦争（原爆）はいけないということを忘れない	3
戦争はいけないと呼びかける	4
署名する	15
アメリカ合衆国と約束する	1
えらい人に話し合ってもらいたい	1
教わったことを忘れない	1
被爆者を差別しない	2
生まれてくる子たちに原爆の恐ろしさを教える	1
祈る	4
戦争をおこさないためもっと戦争のことを勉強する	8
広島に行けばいい	1
米・露・中・仏に抗議する	3
昼の放送で「はだしのゲン」やその他のビデオを流す	1
デモ行進	1
世界中を愛でつつむ	1

　修学旅行から帰ってくると、達成感もあって脱力状態だったが、まだやるべきことがあった。それは証言してくれた方たちに礼状を出すことと、「あなたは平和のために何ができますかアンケート」をとることである。広島で考えたこと、感じたことを手紙の形でまとめ、アンケートに答えてもらった。

　いずれも「世界史」の時間に書いてもらった。証言者の一人である佐伯

さんが、「聞いた者の責任」ということを話していた。ただ、広島に行ってきました見てきました終わり、ではなく、平和のために小さなことでもいいので何ができるか考えてほしかった。

　アンケートで寄せられた意見としていちばん多かったのが、「聞いた証言の内容を他の人に知らせる」、2番目が「署名する」だった。いい証言をしようと学習を積み重ねる人も多い。しかし、私たちが期待したいのは、体験者でなければ語れない部分である。その点で、「聞いた証言の内容を他の人に知らせる」がいちばん多かったということは、セットした側としてよかったという思いである。

　3番目に多かった「戦争をおこさないためもっと戦争のことを勉強する」「いじめをなくす」、少数意見だが「教わったことを忘れない」「生まれてくる子たちに原爆の恐ろしさを教える」などは、大事な意見だと思う。個人的には、「広島に行けばいい」「世界中を愛でつつむ」が、すべてをふくみこんで短く表現したのだと思いたい。

◆礼　状

　礼状のコピーが残っていないかさがしてみたところ、梶山さん、朱碩さん、山岡さんあての3通が出てきたので、ここに紹介したい。

梶山雅子様
　お元気にお過ごしですか。私達、N高校2年生は、皆元気に過ごしています。16日の日、無事青森に帰ってきました。青森は修学旅行の間に雪が積もっていたそうで、17年間、青森で育った私でさえも、寝台から降りた後、寒さを感じたほどです。広島の夜はとても暑くて窓を開けたり閉めたりしながら、その暑さにイライラしていたのを懐かしく思います。
　梶山さんからのお話の後、もし私が被爆者だったら……と考えまし

た。私が被爆して生き残っていたら、私も梶山さんのように、証言をしていただろうか。今の私には被爆したことを隠し、ただただばれやしないかとおびえながら暮らす自分しか想像できません。話しながら、時折涙を浮かべる梶山さんを見て、やっぱりつらいことをしてしまったのかとも思いました。

　でもそう思うことよりも、その勇気を無駄にしてはいけないと感じました。戦争を知らない私達に、今の幸福のあたり前さをつきつけられたように思います。やがて時が流れ、戦争を知る者がいなくなった時、梶山さんのようなお話ができたらいいと思います。

　一人一人の小さな幸福が、世界の大きな平和なのではないかと思います。今をそれぞれ幸せに過ごせる社会がほんとうの平和なのかもしれません。一日一日を大事にし、精一杯生きていくことが、今の私にできることだと思っています。

　ほんとうにありがとうございました。お体に気をつけてお元気にお過ごし下さい。

23HR　M

朱碩さんへ

　私は朱碩さんのお話をきかせてもらえたことをとても幸せに思います。他の人たちより早く出発し、最初は「めんどくさいな」と思いました。でも聞いた後は、もう何とも言えない気持ちになりました。日本人が昔韓国の人にした残酷なこと。すごく日本人がバカに思えました。けれど、やっぱり私も日本人だからだと思います。とても申しわけない気持ちでいっぱいになりました。

　朱碩さんの弟さんの話をきいて、私にも５つ年のはなれた弟がいます。だからそれに重ねてしまいすごく胸が痛みました。朱碩さんは「行け」とおこって学校に行かせたそうですが、きっと私もそういう立場だったら、弟をムリに行かせていたと思います。今もすごくつらいと思いますが、弟さんの分まで生きて下さい。

すごく気がかりなことは、今だに韓国の慰霊碑が1つだけ外れているということです。何とか力になってあげたいと思います。絶対にへんだと思います。ふつうならば1ばん先に、韓国の慰霊碑を作ってあげるべきだと思います。

　あとみんなが一生懸命作ってくれたつるを燃やす人がまだいるということは悲しいことですね。

　私はこの旅行を通して決めたことが1つあります。それは私の子供にもこの過去をきちんとおしえてあげることです。経験した人でないと本当の苦しみ、痛みは分からないかもしれません。でもできるのなら、一緒にその苦しみ、悲しみを共感したいです。

　最後に朱硯さんが、「私にならないで下さい」と言ったとき、私は心の中で大きくうなずきました。そして、またよく考えてみます。朱碩さんどうかお元気で、これからもそのお話しをみんなに聞かせていって下さい。

21HR　F

山岡美智子さんへ

　広島でのお話、どうもありがとうございました。私達は修学旅行も終わり、青森に帰ってきました。青森は広島や京都に比べるとやっぱりとても寒いです。平和公園で山岡さんがお話してくれたこと、今でもよく覚えています。私達は戦争を知らないから教科書でどんなに教えられても実際はよくわかっていなかったと思います。

　でも山岡さんの話を聞いて、原爆資料館を見学して、初めてわかったような気がします。原爆は町も人も壊してしまう恐ろしいものだということを……。ろう人形や写真や遺品を見て本当に実感しました。人間なのに、人間の形をしていないっていうか……写真だけでもこんなに恐ろしさが伝わってくるんだから実際目にした人はもっと恐ろしかっただろうと思います。

　山岡さんからはいろんなことを教えられました。原爆の恐ろしさ、

命の尊さ、平和への感謝……もっとたくさんあると思います。私は今の生活が、平和が当たり前のことだと思っていました。でも今の平和は51年前の悲しい過去があったから成り立っているんですよね。

　山岡さん、これからも修学旅行生に話し続けて下さい。ずっと伝えていって下さいね。応援しています。お元気で。　　　　　23HR　K

◆教え子を戦場に

　アニマルとあだ名された学年があった。それは、授業を成立させようと、どの先生も悪戦苦闘していた学年だった。そのアニマル学年の、もっとも荒れていた教室で行った授業「1945年8月6日8時15分」は、私の教員生活のなかでもっとも印象に残る授業である。全体が静まりかえり、生徒が緊張していたのを思い出す。なかには泣いている生徒もいた。生徒が泣いたからいい授業というつもりはないが、生徒が普段の授業とちがって、重く受け止めたことは間違いない。困難校の教員にとって授業は苦しい仕事のひとつで、手ごたえがあったとか、この仕事をやってよかったということは、なかなか経験できることではない。

　しかし、今全体をふり返ると、お腹いっぱいの実践であり、もう少しコンパクトにしたほうがよかったという気はする。とくにほとんどの学校で、こんなに多くの時間を確保できないということになるのは間違いない。

　青森県の教員のほとんどは、たとえば三沢基地や六ケ所村の核燃料再処理施設、下北半島の原発など、政治の焦点になることに関しては、さわらない近づかないというのが基本的なスタンスだと思う。そこに critical thinking などあろうはずもない。取り上げることで得なことは何もない。他県の先生たちからすれば不思議に思う人もいるかもしれないが、おそらく誰であっても、この状況をかえるのはかんたんではないと思う。

　以前であれば、近畿地方を中心にコースを組む場合でも、青森県の高校が広島まで足をのばすことは決して珍しくなかった。しかし、経費の面で

修学旅行に参加できない生徒が増えていることや、消費税率のアップなど
があって、選びにくくなっている。被爆地広島を訪問する以上の価値を生
み出すことは、どのように工夫しても難しいのだが、立命館大学国際平和
ミュージアムや東京大空襲・戦災資料センターなども候補として考えてい
かなければならないかもしれない。実際に、G高校やI高校の修学旅行で
はそうしてきた。

　最後に、私のオリジナルではないが、この言葉で第3章を閉じたい。

　「教え子を戦場に送りたい」

第 4 章：進路指導編

「小さな成功体験」のために

◆夜間定時制高校の現状

　第4章は、第3章に引きつづいて特別活動の後半、就職指導を中心に、G高校の進路指導について報告する。夜間定時制高校については、第1章でかんたんに説明していたが、ここで若干の補足をしておきたい。

　夜間定時制高校は、夕方のHRにはじまり、4時間の授業、帰りのHRで終了する。最近は、昼間定時制高校や三部制高校の設置、通信制高校との連携などによって、多くの定時制高校が通常の4年ではなく3年で卒業できるようになった。また、高等学校卒業程度認定試験、実用英語技能検定、日本漢字能力検定などの資格取得による単位認定も行われるようになり、そのスタイルは多様化してきている。

　夜間定時制高校には、小学校の途中からまったく学校に通えなくなった、中学校は入学式に出ただけ、全日制高校の受験体制についていけなかった、選択した高校の科があわなかった、人間関係のトラブルに巻き込まれたなど、さまざまな挫折を引きずったまま、ほとんど「成功体験」をもたずに入学してくる生徒が多い。そのため、以前のように、日中のアルバイトが終わってから登校するという生徒はむしろ少数派である。

　全日制高校からの転入学、編入学で移ってきた生徒をのぞけば、その多くは、小学校低学年の段階で授業についていけなくなったと思われる。九九があやしいという生徒もひとりふたりではない。彼らにとって、その後の学校生活がどのようなものだったかを考えると、暗澹たる思いにとらわれる。自分のことを「投げ童」（親に見放された子ども）という生徒もおり、ほとんどが自分に自信をもてないでいる。家庭環境に恵まれない生徒も多く、学校で提供される菓子パンやおにぎりなどの補食は、彼らにとって貴重な栄養源である。

　高校生でありながら、対人スキルが身についていない生徒も珍しくない。たとえば登校後、教室に入ることができず、トイレで時間を過ごしたり、ぽつんと教室前の廊下に立ってHR担任がくるのを待っている生徒もい

る。HRがはじまれば、教室内のおしゃべりの時間が終わり、居場所ができるというわけである。

　ここで報告するのは、私が進路指導部長と3年次担任を兼務したときの就職指導である。それ以前のG高校の進路は、内定者ゼロという年もあり、決してかんたんな仕事ではなかった。農業高校の生徒のようなたくましさや打たれ強さもなく、自分に自信がないこともあって、就職試験を1度も受けないという生徒は珍しくない。授業や学校行事など、学校生活のさまざまな場面で「小さな成功体験」を積み重ねることが、希望進路の実現に結びつくのであり、日常の教育活動が問われているといえるのではないだろうか。

◆毎日ハラハラしていました

　私にとってひとつ目の夜間定時制高校、K高校で印象に残っていることがある。卒業を数カ月後にひかえたある日の授業参観終了後、私に対して深々と頭をさげるひとりの男性がいた。聞いてみると、生徒会長の父親だった。「いつ（中学校で不登校だった息子が）学校に行かないといいだすか、毎日ハラハラしていました」と語ってくれた。夜間定時制高校の卒業を祝う会では、こういった思いが保護者からあふれ出す。

　経済的に恵まれず、自立しなければいけないはずなのに、その一歩を踏み出すことができないという生徒も多い。かつての高校教員であれば、「卒業したらあとは自分の力で頑張れよ」でよかったものが、今はそうとばかりはいえない現状である。夜間定時制高校に3年から4年のあいだ通い続け、卒業できるとしたら、彼らにとってそれだけで価値があるともいえる。

　生徒を苗字で呼ぶことはほとんどなく、名前で呼ぶなど、できるだけ生徒との距離を縮め、声がけを忘れないようにする。何より学校に居場所をつくる努力が欠かせない。

　幸いなことに、それまで不登校であっても、夜間定時制高校に入学したとたんになおってしまう生徒もいる。先生たちはその変化を期待しながら、登

校してくる生徒を迎えるため、夕陽を浴びつつ毎日玄関に立ち続けてきた。

◆「進路志望調査」と三者面談

表1　進路指導年間計画

3月	進路志望調査（1年後に卒業予定の3、4年次のみ）
3月	個人面談
3月末〜4月初	三者面談（1年後に卒業予定の3、4年次のみ）
4月	進路志望調査（卒業予定者をのぞく在校生のみ）
5月末	企業訪問（関東の企業）
6月20日（水）	企業見学会（縫製会社、五所川原公共職業安定所）
7月2日（月）	求人票閲覧開始 第1回進路講話 　（講師はNPO法人プラットフォームあおもりから）
7月9日（月）	求人票分析
7月から9月上旬	応募書類の作成、面接練習
9月5日（木）	応募書類受付開始
9月16日（月）	就職試験開始
2月4日（月）	合格体験発表会
2月12日（火）	五所川原地区就職相談会
2月18日（月）	第2回進路講話（講師は地元企業の社長）

注：求人票は本来7月1日に解禁となるが、この年は日曜日であったため、7月2日となった。

　表1は、G高校のある年度の進路指導年間計画である。高等学校の進路指導は、学校によって多少のちがいはあるが、たとえば1年生は特定の職業について調査するジョブリサーチ、2年生は短期間の就業体験であるインターンシップ、3年生は大学、専門学校の説明会や業者による講話、面接練習など、それぞれ段階的に実施している。

　夜間定時制高校の場合、40人募集でありながら、実際には、せいぜい1クラス10人から20人程度で編成される。4年次であれば一桁でも珍しくない。そのため、学年の枠をとりはらい、学校全体で進路指導に取り組む

ことが多い。前年度末の3月に実施した「進路志望調査」から順に説明することで、取り組みの内容を説明していきたい。

　進路志望調査は、1、2年次のときにも実施しているが、3、4年次（3年次は1年後に卒業する生徒と4年次まで在籍する生徒にわかれる）は進学か就職か、進学の場合は大学か専門学校か、就職の場合は県内か県外か、職種は何か、より具体的に希望を書いてもらった。

　それをもとに個人面談を行い、後日、本人、保護者、HR担任による三者面談を実施した。工業高校、農業高校などの専門高校であれば、これに電気科、建築科、農業科など各科の主任が加わり、四者面談になることもある。

　三者面談は進路にテーマをしぼって行う。本人・保護者・学校三者の共通認識をつくり、聞いてなかったとか、反対だとか、内定が出た後に辞退するなどの問題が生じないようにする。事前に家庭での話し合いをお願いしていても、保護者と生徒本人との意見があわなかったり、親子の会話がまったくないことが露呈する場合もある。最近は前倒しがあたり前になり、春休みに実施する学校も珍しくない。

◆ 卒業生との再会

　5月末から6月上旬にかけて、関東地方の企業訪問を実施した。卒業生の勤務先を担当者が訪問し、卒業生の近況と今年度の採用予定などを確認する。卒業生本人と会う場合もあるが、社内では自由に話せないこともあって、後日こっそり会うこともある。

　残念ながら、卒業生は暗い顔をしていることが多い。「朝、会社のドアを開けるのがつらい」といいながら頑張っている者ばかりではなく、企業訪問前に青森に帰ってしまうケースも珍しくない。数年前のことだが、研修がはじまる直前に社員寮を脱走した卒業生の例もある。

　県人会をつくって交流するなど、地方出身者が孤立しないように努力している企業も多い。しかし、生活環境のちがいになじめなかったり、人間

関係や仕事とのミスマッチなどによって、早期に離職してしまうケースは少なくない。企業側から東北人のねばり強さを評価されることがあるが、本当だろうかとよく思う。

　表2は、過去3年間の高卒就職者離職率である。2年以内におよそ3割、3年以内におよそ4割が離職していることがわかる。インターンシップ、一日体験、3カ月後に本採用となるかどうかを決めるトライアル雇用など、ミスマッチを防ぐための取り組みがされているにもかかわらず、この傾向はかわっていない。

表2　過去3年間の高卒就職者離職率

卒業年	1年以内の離職率	2年以内の離職率	3年以内の離職率
2016年3月	17. 4%	29. 1%	39. 2%
2017年3月	17. 2%	29. 5%	39. 5%
2018年3月	16. 9%	28. 7%	―

出典：「新規学校卒業就職者の在職期間別離職状況」（厚生労働省HP）より作成。

　企業訪問の際、課題のひとつとしてある社長から指摘されたのが、2011年の東日本大震災以降、1年以内に実家に帰ってしまうケースが増えているということだった。仕事をやめたくなることは誰でもあることだが、とくに強く思うのは1年目であって、親に相談したり不平をいったりすると、帰ってこいとなってしまう傾向がある。社長によると、学校であればもう少し頑張ってみろとなるので、まず学校に相談するようにできないかというものだった。企業からすれば、早期離職は初期投資を回収できないということであり、できるだけ防ぎたいと考えるのは当然だろう。

　これは、個人的にも課題として感じていたことでもあった。何より卒業生とのつながりがあれば、企業が提供する情報だけでなく、実際に働いている卒業生から情報を得ることができるし、さまざまな相談に応じることも可能になる。

```
┌─────────────────┐
│  進 路 資 料 1  │
└─────────────────┘
```

● 進路志望調査 ●

（　　）年次　氏名：＿＿＿＿＿＿＿＿＿＿

　卒業後の進路について具体的に記入してください。○で囲むか、大学名・学部・企業名等わかっている場合は具体的に記入してください。

進学（一般受験・学校推薦）

	国公立大学	私立大学
学校名	国公立短期大学	私立短期大学
	専門学校	未定

就職（学校紹介を希望する・保護者が探す・卒業後に探す・自分で探す）

	県外 東京・千葉・神奈川・埼玉・ 近畿・その他	県内 五所川原・西北・弘前・青森・ その他
企業名		
区・ 市町村名		
職　種	事務　　　販売 接客　　　製造（食品・縫製・組立） 建築　　　建設 公務員（警察・消防士・その他） 保守・ガードマン 家事・家業　（　　　　　　） その他　　　（　　　　　　）	事務　　　販売 接客　　　製造（食品・縫製・組立） 建築　　　建設 公務員（警察・消防士・その他） 保守・ガードマン 家事・家業　（　　　　　　） その他　　　（　　　　　　）

◆ 企業見学会

　6月には1日バスを借りきり、全校生徒を引率して企業見学会を実施した。まず、午前中に隣接するふたつの縫製会社（経営者は同じ）の工場を見学し、社長の講話を聞いてもらった。この2社は、縫製会社ということでは同じだが、性格がまったくちがう。1人で時間をかけ、ある程度のところまで仕上げるA社と、1人がひとつの行程のみを担当し、大人数による流れ作業で完成させるB社である。

　全校生徒が参加しているので、企業によっては生徒を分散させなければならず、できるだけ大人数をさばいてくれるところを選ぶ必要がある。最近は、生徒の希望別に少人数のグループに分け、中小の企業を訪問する学校もある。

　青森県の縫製会社は、人件費が安く低価格で仕上げることができるというので、著名人の発注もある。社内の掲示板には、A社製作のステージ衣装を身につけた北島三郎や忌野清志郎の写真が展示されており、生徒たちは興味深げに見学していた。

　午後は、五所川原公共職業安定所（ハローワーク）を見学した。はじめに所長講話、つづいて学卒担当Tさんからハローワークの業務について説明があった。学卒担当者として仕事に取り組むTさんの意識、心構えを聞くことができたのは、生徒にとっても有意義だったと思う。その後班ごとに分かれて、コンピューターの操作方法など、ハローワークの利用の仕方を学んだ。いずれ訪れることがあるかもしれない、そのときのための企画だった。

　学校によっては、3日から4日程度大型バスをおさえ、生徒を引率して関東の複数の企業を訪問する学校もある。学校側としては、実際に職場を見学させることができ、企業側としては、遠い青森県から来てくれるというメリットがある。私自身、いい印象を与えるように工夫しているところが多いと感じている。

◆スタートラインに立つ7月

　7月2日、キャリア支援を行うNPO法人プラットフォームあおもりから講師をお願いし、1、2年次と3、4年次のふたつにわかれ、講演会を開催した。私は3、4年次会場の進行役をつとめた。講演は、なぜ働くのか、働くとはどういうことなのかといった、やや抽象的なテーマの講演だったが、ワークショップを取り入れるなど、あきさせない内容だった。

　7月2日以降、求人票が学校に届きはじめた。公開求人はハローワーク経由で、指定校求人は直接学校に郵送される。これを大きく県内求人、県外求人にわけ、一覧表をつけてファイルし、教室と職員室に置き、いつでも閲覧できるようにした。公開求人については、パスワードを入力すれば、高卒就職情報WEB提供サービスで閲覧することができる。

　閲覧したなかで気に入ったものがあれば、求人票のコピーを自宅にもたせ、保護者と相談してもらう。意見が一致した場合には、内定が出たあとで辞退したりしないよう誓約書を提出してもらう。もし希望者が重なったときには、1人に絞り込む作業が必要になるが、夜間定時制高校は生徒数が少ないこともあって、これまでに経験したことはない。

　7月9日、3、4年次合同のLHRで、今年度の求人の特徴や雇用をめぐる状況、今後のスケジュールについて説明会を実施した。五所川原地区高等学校職業指導協議会で、ハローワークから提供された資料を活用した（「求人票分析」参照）。また、このころから、企業の採用担当者が学校を訪問するようになる。とはいっても、夜間定時制高校にやってくる企業はかなり珍しい。

◆勝負の8、9月

　9月5日の受付開始に間に合わせるため、夏休みの終盤には一部の生徒を出校させ、履歴書など応募書類の作成に取りかかった。とくに全日制高

校であれば人数が多いため、夏休中にはじめないと間に合わない。

　私の場合、HR担任との兼務であるため、担任としての書類も作成しなければならない。勉強、学校行事、部活動など、いずれにも特徴のない生徒、あるいは問題行動が多くてなかなかほめることが難しい生徒の調査書は苦労する。こんなときは、必死で何かいいところはないかと悩んだすえに、ようやく見つけた事実を突破口にして書くことになる。

　本人はそれなりに努力していても、普通レベルの履歴書を書くことができない生徒もいる。字があまりにもへたで、企業側にやる気がない、あるいはふざけていると解釈されかねないレベルである。

　ある生徒が、何度書き直しても同じような程度のものしかできないので、ハローワークのTさんのアドバイスで、私が下書きを鉛筆で薄く書き、それを生徒になぞらせることにした。下書きは最終的に消すことになるので、本人が書いた履歴書であることにちがいはない。

　ただ、それにしても一度で成功するわけではないので、何度も下書きを書き直すはめになる。そこで、あらかじめ失敗を想定して何枚も用意した。他の生徒がつぎつぎと書きあげていくのを横目でみながら、ようやく発送までたどりつくことができた。

　「志望の動機」にいたっては、多くの生徒がほとんど書くことができなかった。8月後半から9月にかけて、HR担任は土日の休みがないということにもなりかねない。生徒同士が互いに履歴書をチェックしたり、意見を出しあったりするようになればしめたものである。

　経験上、5、6枚程度の書き直しはあたり前、何度も何度も書いては直し書いては直し、ようやくそれらしいものができてくる。応募書類は、HR担任、進路指導主事、教務主任、教頭、校長の押印が順番に必要なため、たとえば管理職から修正の指示がはいれば、また最初からやり直すことになる。履歴書、内申書に鑑をつけてようやく発送である。9月5日に届くよう作業を急いだ。

●求人票分析●

職種別件数
県内（187）

介護職	33
銀行・金融関係	3
建築業	14
自動車整備	2
鉄道・運輸	6
販売	32
製造	47
賃貸業	1
技術職	3
警備	4
娯楽	4
旅館・ホテル	11
農林水産協同組合	6
畜産・農業	1
理美容	6
飲食店	10
医療機関	3
公務員	1

県外（199）

介護職	4
鉄道・運輸	11
販売	21
製造	12
技術職	4
警備	6
娯楽	7
旅館・ホテル	15
理美容	6
飲食店	77
医療機関	14
賃貸業	5
銀行・金融関係	2
建築業	15

都道府県別件数

東京	68	青森	49
埼玉	9	弘前	72
千葉	8	五所川原	18
神奈川	11	八戸	2
宮城	5	黒石	4
岩手	4	十和田	5
秋田	4	三沢	7
北海道	1	野辺地	25
愛知	33	むつ	5
岐阜	1		
新潟	12		
富山	3		
大阪	23		
京都	12		
兵庫	3		
福岡	2		

※分析のポイント

　県内、県外ともここ10年で一番の求人数（県内600名超）。建築、小売り、医療福祉が増、製造業は減。地域別では関東、近畿、東海の順に多い。県内ではハローワーク五所川原管内は、昨年より増えているが、県内最低の数字。

注：この資料は当時のデータ、分析をそのままのせている。

◆ クラスで取り組む面接練習

　9月16日の就職試験解禁日を仕上げのめどに、応募書類の発送が終わった生徒の面接練習にはいった。青森県の夏休みは短いので、8月の最終週もふくめ、解禁日まで3週間程度の時間がある。その1週目を応募書類の作成につかうとすれば、2週間と少しの練習期間が確保できる。経験上、それ以上長くやったとしても逆効果であり、この2週間ほどで仕上げなければならない。

　面接練習はいきなり行うのではなく、予想される質問、たとえば、「高校生活でいちばん印象に残っていること」とか、「当社を志望した理由」などについて答えを考え、文章化するところからスタートした（「ペーパー面接」参照）。

　次に、HR担任を相手に本番を想定した練習にうつった。ノックしてから席につくまでの流れをくり返しくり返し練習する。ノックする、入室する、ドアを閉める、「失礼します」、おじぎする、面接官の前に進む、学校名と自分の名前を名のる、「お座りください」、着席する。これらのことをひとつひとつの動作を確認しながら進めた。同時にふたつのことをやらないように、あくまでひとつひとつ丁寧にやってもらう。

　生徒によって若干の差はあるが、これだけで何日もかかってしまう生徒もいる。面接のなかで第一印象を形づくる部分であり、重要度は高い。それがある程度のレベルに達した段階でようやく質問にはいる。

　練習をはじめたばかりであれば、答えに窮してしまい、フリーズしてしまうことも珍しくない。いくらかなれてきたところで、他の生徒も1人か2人程度参加させ、合同練習の形をとった。個人ではなく、できるだけ複数の生徒の取り組みにすることで、生徒同士がアドバイスしあうようになり、それぞれの面接をつくりあげていった。

　面接練習はさらに、進路指導主事、教頭と相手をかえ、段階をふんでもらった。情報の共有が必要なので、改善点などの申し送り事項を書類に書

き込んで、次の人に引き継いでいく。さらに同時進行で、志望先の企業について、HP 等からある程度の情報をインプットする企業研究も欠かせない。最後に、面接官から「何か質問はありませんか」と聞かれたときの答えを考えさせた。

進 路 資 料 3

●ペーパー面接●

　あなたは面接官の次の質問にどう答えますか。実際に面接試験を受けているつもりで書いてみてください。

質問 1.「今日の学科試験はどうでしたか?」

質問 2.「あなたの長所を教えて下さい」

質問 3.「あなたの短所を教えて下さい」

質問 4.「何か特技・資格はありますか?」

質問 5.「高校生活で一番印象に残っていることは何ですか?」

質問 6.「得意な科目は何ですか?」

質問 7.「なぜ当社を志望しましたか?」

質問 8.「当社の業務内容を知っていますか?」

質問 9.「最近、気になっているニュースについて話してください」

◆成長しつつある生徒たち

　面接練習をしているうちに、試験の日時、会場などの連絡が届くので、切符の手配をさせることになる。経済的な理由で、飛行機や新幹線を使う生徒はめったにいない。ほぼ全員が料金の安い高速バスである。旅費については、全額を保障してくれるとは限らない。半額補助とか、上限をもうける企業もある。

　各高校の進路指導担当者が集まるある会議で、企業側から面接練習はやらないでくださいという要望が出されたことがある。面接練習をくり返せばある程度のものができるが、それではその生徒の本質を見極めることができないという意味のようだ。

　K高校でこういう経験をしたことがある。ある老舗旅館の人事担当者が来校したときだった。希望する生徒がいたので、校長室をかりて面接してもらうことになった。私と人事担当者が懇談したあと、校長室に本人をよぶことになった。本人は練習通りのやり方で入室したのだが、「そういうことはいらないので、本当の自分を出してください」といわれたのである。私がこれまでアドバイスしてきたのは、面接官との会話を成立させるということである。ただし、友だち感覚で先生方と接してきた生徒たちにとって、練習を重ねなければいい結果が出ることはない。

　生徒たちは面接練習を通して、これまであまり考えてこなかったこと（たとえば友だち言葉とはちがう言葉）を意識するようになり、少しずつではあるが成長しつつあった。

◆「共同の教育」

　クラス全体で進路に向かう空気が強くなり、面接練習も熱のこもったものになっていった。もともとそういう傾向のあるクラスだったが、全員の希望進路を実現するために、協力しあうクラスにしたいと思っていた。学

力的に厳しい生徒も多く、力のある生徒が一般常識を教えたり、先に就職試験を経験した生徒がアドバイスするようになっていった。私にとっては、競争ではなく「共同の教育」が育ちつつあるという手ごたえがあった。

　結局、進学については、4年制大学に2人合格したものの、就職については私が担任をつとめる3年次のIさんと、4年次のS君が残ってしまった。ただし県内の企業は出足が遅い傾向があり、地元に残りたい2人にとっては可能性が消えてしまったわけではない。

　ハローワークのTさんが来校し、生徒本人との面談を実施、希望職種や条件を聞いて、ハローワークに求職登録することにした。その後、2月12日に五所川原地域就職相談会を開催する旨の連絡が入ったので、2人を連れて参加することにした。会場には、およそ20社程度の経営者や採用担当者、まだ進路が決まっていない5、6人程度の高校生と引率者の姿があった。

　2人とも腰が重い様子なので、とにかく話を聞くだけでもいいからと背中を押し続けた。後日、Iさんが面談した社長から学校に電話があり、採用が決まった。しかし、残されたS君についてはかんたんではなかった。最終的にTさんが紹介する介護施設の内定をようやくもらうことができた。3年次も4年次もほっとした雰囲気になった。最後に受験報告書と企業に出す礼状を書きあげて、ようやく一区切りである。

　受験報告書は、面接官は何人だったか、面接は何を聞かれたか、時間はどれくらいだったか、筆記試験があればその内容などについて書き、学校に提出するものである。これは学校の財産になっていくのだが、夜間定時制高校はそもそも生徒の人数が少ないこともあり、十分に蓄積されていないことが多い。全日制高校と校舎を共有している場合は、全日制の資料を活用することも可能だが、G高校の全日制課程は進学校であり、別な方法を考えるしかなかった。

◆ 先輩から後輩へ

　２月には、進路が決まった生徒の経験を全校で聞く機会を設けた。生徒の話のほうが新鮮に受けとめられる可能性があることと、身近な生徒のごく普通の努力の結果であることを理解してもらいたいと考えていた。卒業後に学校に来てもらうことは難しいので、卒業式前の全校合同 LHR を使い、進学組もふくめた５人から話をしてもらった。

　彼らの話をまとめると、学校を休まないこと、早めに就職活動をスタートすること、普段からあいさつや言葉遣いをしっかりすること、どうしても入りたいという熱意を伝えること、面接では難しい言葉を使わないこと、ある程度のポイントは頭にいれておいて、予想していない質問には機転を利かせること、勉強だけでなく学校行事も大切にすること、資格を取ること、就職試験当日は、会社を出るまで気を抜かないこと、会社では会う人会う人すべてにあいさつすることなどである。

　なかには、内定が出たにもかかわらず、遅刻、欠席を少なくし、試験勉強ももっとがんばればよかったなど反省の言葉を述べる生徒もおり、就職活動を通して、自身の日常や高校生活を見直すことになったようだ。在校生には、少なくとも就職が特別なことではなく、手が届きそうだということは理解してもらったと思う。

◆ 人材流出のジレンマ

　ここで青森県内の有効求人倍率を確認しておきたい（表3）。2020 年 12 月段階のものだが、青森県の高卒求人としては比較的高い数値となっている。「令和３年３月新規高等学校卒業予定者職業紹介状況（令和２年 12 月末）」（青森労働局 HP）によると、新型コロナの影響で求人数が減少しているものの、就職希望者が過去最少となったこと、一般求人から高卒求人への振替が行われたことなどが原因であるとしている。ただし、全国的にみれば

労働条件など、県内就職が厳しい状況であることにかわりはない。

　毎年のことだが、進路志望調査を行うと、県内就職を希望する生徒が多い。しかしたとえ好景気といわれていても、青森県などの地方の企業もそうであるとは限らない。地元志向が強いのは毎年のことではあるが、学卒求人は、正規の職につく最大のチャンスである。学校としては、就職浪人を出さないように、少しでも条件のいい就職ができるように首都圏の企業をすすめることになり、人材流出のジレンマをかかえてしまう。「学校基本調査」（文部科学省HP）によると、2020年3月に卒業、就職した高校生の45％が県外に就職しており、全国最多となっている。それは地方にとって損失というしかない。

表3　安定所別高卒就職者求人倍率（2020年12月）

全体	青森	八戸	弘前	むつ	野辺地	五所川原	三沢	十和田	黒石
2.82	2.77	3.84	2.83	1.86	3.89	1.64	3.19	2.33	1.41

出典：「新規高等学校卒業予定者職業紹介状況」（青森労働局HP）より作成。

　たとえば、縫製会社やパチンコ店、介護施設などを希望するのであれば、県内就職の道は開ける。しかし、縫製会社は同年代の社員がいないか、いたとしても少なかったり、はやめに退職する傾向が強く、孤立してしまうことがある。パチンコ店は指導が厳しく、やめてしまうことが多い。介護施設は仕事がきついのはもちろんだが、人の命にかかわる仕事でもあり、学校側で躊躇することもある。

　家から近い、希望にかなう職種、給料など待遇がよいという3条件そろった企業を、青森県内でさがすことはとくに難しい。どれかを妥協することが就職を決めるコツだと思う。

◆ 今後の課題

　就職指導全体を通して、とにかくあきらめない、生徒への働きかけをやめないということを心がけた。その結果、一部の生徒しか内定を勝ち取れないとか、一度も入社試験を受けていない生徒が何人もいるという現状を打開し、就職内定率100%を達成することができた。

　卒業生とのつながりについてはすでに述べたので、ここではそれ以外の課題について述べることにする。たとえばこれは、生徒からの報告でわかったことだが、定時制課程の生徒であることを応募書類に明示しているにもかかわらず、企業側が、進学校である全日制課程からの応募と勘違いし、途中でそのことに気づいて急に態度が冷たくなったとか、就職試験の数日前に学校に電話してきて、全日制高校をなぜやめたのかとか、中学校で不登校だったのではないかなどとしつこく聞く企業もある。過去ではなく現在の生徒をみて評価してほしいと思うが、残念ながらそうではないことが多い。

　かんたんに解決できないことではあるが、夜間定時制高校に対する世間の風当たりは強いと感じる。だからこそ生徒には、逆境に負けないでほしいし、そういう力を身につけてほしいと思う。

　また、青森県内の就職に運転免許は必須であるにもかかわらず、自動車学校に払うお金を準備できない家庭もある。そうなると、運転免許の必要のない仕事をさがすしかない。仕事そのものに加え、通勤の便を考えてもかなりの制約を受けることになる。これもやはり、学校にとって難しい課題であるが、家庭との連絡を密にしたり、ハローワークとの協力関係を深めながら解決の道をさぐっていくしかない。

　また、表2に示したように、短期間で辞めてしまう生徒が多く、早期離職者の何割かは引きこもりにもどってしまう可能性がある。一方、首都圏から青森に帰ってきた卒業生たちが正規の職に就けるとはとても思えない。結局はアルバイトということになるのではないだろうか。

◆ 「小さな成功体験」のために

　もうひとつ、やろうと思ってできなかった課題がある。それは障害者手帳の取得である。これがあれば障害者枠で入社試験を受けることができる。この制度によって就職できる可能性がより高まるため、家庭訪問などで保護者を説得する学校もある。障害者法定雇用率を達成した企業には報奨金が交付されてきたが、2018年、表4に示したように改定が行われている（2021年3月1日から、さらに0.1％ずつ改正）。

表4　障害者法定雇用率

事 業 主 区 分	法 定 雇 用 率	
	現　行	2018年4月1日以降
民間企業	2.0％	2.2％
国、地方公共団体等	2.3％	2.5％
都道府県等の教育委員会	2.2％	2.4％

出典：「障碍者の法定雇用率の引き上げについて」（厚生労働省HP）より作成。

　就職内定率100％を達成したことから、今回はそういう必要はなかったかもしれないが、今後のためにも、本当はそうすべきだったのではないかと思う生徒もいる。ほとんどの生徒たちは競争社会、格差社会の犠牲者であり、夜間定時制高校はこの国の矛盾が集中した学校といえる。さらに授業や学校行事、HR活動など、3年から4年の教育活動で、生徒たちにどういう力をつけさせるのか、またどういう方法があるのかについては、まだまだ研究が必要であるが、課題の山積する日本の学校教育のなかで、夜間定時制高校は大切な役割を果たしている。

　文部科学省（文科省）の「令和元年度　児童生徒の問題行動・不登校等生徒指導上の諸問題に関する調査」（「文部科学省HP」）によると、高校中退

が減少し、高校の長期欠席と自殺が若干減っているものの、小中学校の長期欠席、校内暴力、いじめなどの増加傾向はかわっていない。

　外国人労働者を受け入れる前に、ひきこもりをどうするのかと思う。このままでは社会の不安定要因が増え続ける一方である。今求められているのは、就職できる、自立できるという希望を灯すことではないだろうか。生徒にとって希望進路の実現は、「小さな成功体験」のひとつであり、それは、将来の自己実現への第一歩であると信じたい。

　教員生活のなかで、一度だけ進学校への転勤を希望したことがある。それは7年前に亡くなった母が入院していたときだった。母の母校（それは私の母校でもあり進学校だった）に転勤すれば、元気になってくれるのではないかと思ったからだった。結局それはかなわず、進学校を一度も経験しないまま教員生活を終えることになった。

　村山俊太郎氏が教員を鍛えてくれる場所として、「教室」「職員室」「書斎」の3つを挙げている。現在であれば、これに「教育研究集会」が加わるだろう。古里津軽のいわゆる教育困難校に勤務した私は、「教室」と「教育研究集会」で鍛えてもらった。郡部校、農業高校、夜間定時制高校のいずれも、矛盾の集中する学校であり、そのこともまた、教員としての私の意識をかえ、成長させてくれた要因であると思う。いわゆる教育困難校からみた日本の社会や教育という視点は忘れてはならないと思う。

　この本は、生徒の「学びなおし、育ちなおし」によって「成功体験」を積み重ねようとした実践の報告である。肝心なのは、生徒のなかに希望を灯すことであって、そのためには人間関係が決定的である。

　学校教育には生徒、保護者、教員、管理職の視点があると思う。本当はすべての願いが一致しなければならないはずなのに、そういう状況にはなっていない。教員が管理職の方を向いて仕事をしたら、その背後には教育委員会なり文科省の存在がある。そこには、生徒や保護者の願いと大きなズレがあるといわざるを得ない。今、教員が生徒の方を向いて教育活動を行うのはとても難しい状況だろうと思う。

　心配なのは、分断が進行し、協力、共同が失われつつあることにより、「職員室」が学ぶ場になっていないことである。HRや授業で困ったこと、悩んでいることを自由に話せなくなってきている状況は深刻ではないだろう

か。さらに、教員が自分の頭で考えることをせずに、文科省は何といっているか、教育委員会は何を求めているのかという具合に、管理職の目ばかりを気にするひらめ教員が増えていることが、教育に影響しないはずはない。

　当初は、これまで取り組んできた実践をまとめようと書きはじめた原稿だったが、「教室」だけではだめだし「職員室」だけでもだめ、「学校」だけでもだめというあたり前の結論にたどりついたような気がする。そうやって考えると、なんと不十分な実践だったかと反省するしかない。

　わからないものである。新採用のときは、大型新人といわれながらも（決していい意味ばかりではなく宇宙人という人もいた）、郡部校で腕をみがいたらいずれ進学校に転勤しようと考えていた青年教師は、自らのぞんでまったくちがった道を歩むことになった。

　「教室」も「職員室」も、充実した笑顔であふれる学校となることを願って、ここに筆を置くことにする。

　最後に、出版事情の厳しい折、本書の出版を引き受けてくださった中村早苗さん、坂戸諭さんをはじめとする教育史料出版会の皆さんに心から感謝したい。

　2021 年 3 月

堀内　孝

140

堀内　孝（ほりうち　たかし）

1961 年青森県生まれ
明治大学文学部卒業後、青森県内の公立高校に勤務
2020 年明治大学大学院博士課程修了
立正大学、武蔵浦和日本語学院非常勤講師
歴史教育者協議会会員、日本獣医史学会評議員

● 主な業績
「授業で出会いたい」（『高校のひろば』Vol.52　2004 年 6 月）
「第八師団の創設に関する一考察──日露戦争に向けての陸
　軍拡張と軍都弘前の誕生」（『駿台史学』第 145 号　2012
　年 3 月）
「青森県農学校の開校──獣医育成と三本木開拓の希望」
　（『日本獣医史学雑誌』第 56 号　2019 年 2 月）

生徒の笑顔と出会いたい
郡部高・農業高校・夜間定時制
津軽の高校生とともに 20 年

2021 年 5 月 25 日　第 1 刷発行ⓒ

著　者　堀内　孝
発行者　駒木明仁
発　行　株式会社 教育史料出版会
　　　　〒 101-0065　千代田区西神田 2-4-6
　　　　☎ 03-5211-7175　FAX 03-5211-0099
　　　　郵便振替　00120-2-79022
　　　　http://www.kyouikushiryo.com

デザイン　中野多恵子
印　　刷　平河工業社
製　　本　壺屋製本

定価はカバーに表示してあります。
落丁本・乱丁本はお取り替えいたします。
ISBN978-4-87652-547-8　C0036

戦争期少女日記
自由学園・自由画教育・中島飛行機

高良真木＝著　高良留美子＝編　定価：3500 円＋税

はだしのゲン自伝

中沢啓治＝著　定価：1600 円＋税

平和のための「戦争論」
戦争の時代をどう教えるか

渡辺賢二＝著　定価：1800 円＋税

近現代日本をどう学ぶか
平和で公正な世界を創るために

渡辺賢二＝著　定価：1600 円＋税

いのちと平和を学ぶ今日は何の日 366 日
インターネットだけでは学べない近現代史

歴史教育者協議会＝編　定価：2300 円＋税

学校の挑戦
高校中退・不登校生を全国から受け入れたこの 10 年

北星学園余市高等学校＝編　定価：1600 円＋税

しょげてんな!!
ひとりで悩む君へ「北星余市」から 15 人のエール

北星学園余市高等学校生徒＝編　定価：1600 円＋税

居場所のちから
生きてるだけですごいんだ

西野博之＝著　定価：1600 円＋税

図書館ノート
沖縄から「図書館の自由」を考える

山口真也＝著　定価：1700 円＋税

教育史料出版会